版权声明

Emergent Curriculum with Toddlers: Learning through Play by Melissa Pinkham

Copyright © 2021 by Melissa Pinkham

Published by arrangement with Redleaf Press c/o Nordlyset Literary Agency through Bardon Chinese Creative Agency Limited

Simplified Chinese translation copyright © 2025 by China Light Industry Press Ltd. / Beijing Multi-Million New Era Culture and Media Company, Ltd.

ALL RIGHTS RESERVED

保留所有权利。非经中国轻工业出版社"万千教育"书面授权，任何人不得以任何方式（包括但不限于电子、机械、手工或其他尚未被发明或应用的技术手段）复印、拍照、扫描、录音、朗读、存储、发表本书中任何部分或本书全部内容，以及其他附带的所有资料（包括但不限于光盘、音频、视频等）。中国轻工业出版社"万千教育"未授权任何机构提供源自本书内容的电子文件阅览、收听或下载服务。如有此类非法行为，查实必究。

Emergent Curriculum with Toddlers
Learning through Play

幼儿园托班生成课程
支持儿童在游戏中学习

［美］梅莉萨·平卡姆（Melissa Pinkham）／著

范忆 张晖 时萍／译

中国轻工业出版社

图书在版编目（CIP）数据

幼儿园托班生成课程：支持儿童在游戏中学习／（美）梅莉萨·平卡姆（Melissa Pinkham）著；范忆，张晖，时萍译. -- 北京：中国轻工业出版社，2025.3.
ISBN 978-7-5184-5356-6

I. G612

中国国家版本馆CIP数据核字第20256X2G01号

责任编辑：牟　聪　　　　责任终审：吴　红
文字编辑：徐烨佳　　　　责任校对：刘志颖
策划编辑：高　君　　　　责任监印：吴维斌

出版发行：中国轻工业出版社（北京鲁谷东街5号，邮编：100040）
印　　刷：三河市鑫金马印装有限公司
经　　销：各地新华书店
版　　次：2025年3月第1版第1次印刷
开　　本：710×1000　1/16　印张：9.75
字　　数：140千字
书　　号：ISBN 978-7-5184-5356-6　定价：42.00元

读者热线：010-65181109
发行电话：010-85119832　　010-85119912
网　　址：http://www.chlip.com.cn　　http://www.wqedu.com
电子信箱：1012305542@qq.com
版权所有　侵权必究
如发现图书残缺请拨打读者热线联系调换

240658Y1X101ZYW

译 者 序

《幼儿园托班生成课程——支持儿童在游戏中学习》（Emergent Curriculum with Toddlers: Learning through Play）的作者梅莉萨·平卡姆（Melissa Pinkham）是一位"与托班孩子（1—3岁孩子）直接打交道"、有30多年一线教育工作经验的托班教师。这样的专业背景赋予了本书这些特点：真实、易懂、实用。梅莉萨把她对生成课程的理解转化到托班的日常实践中，将自己丰富的一线教育工作经验同终身学习相结合，在理论与实践之间搭建桥梁，向我们清晰地呈现了其从"知"到"行"的发展历程。书中一个个来自课堂的故事展现了她在实践"托班生成课程"时不断发展的专业认知、对失败的反思，以及因成功而收获的喜悦。我有20多年与托班孩子相处和实施生成课程的经历，而梅莉萨在本书中讲述的故事、佐证观点的照片常常唤醒我的记忆，书中的孩子也由此变得鲜活。我时常感叹："我们也这样想过，我们也这样做过，我们也犯过这样的错，我们的孩子也是这样玩的。"在完成全书的翻译后，我最大的感受是：人类的婴幼儿没有本质差异，他们有共同的发展规律和成长需要；早期教育工作者承担着共同的责任——满足孩子的成长需要，支持孩子充分发展。

那么，托班教师必须面对的挑战就很明确了——如何适宜地满足托班孩子的成长需要？如何有效地支持每个孩子充分发展？众多的托班课程应运而生，生成课程即其中之一。但是，由于"托班孩子的发展阶段不管是看上去，还是在感觉上都与3—5岁幼儿非常不同。他们正处于一个特殊阶段，回应性课程对他们的成长至关重要"（Melissa Pinkham，2021），因此，本书分享的生成课程是一种计划方法（Susan Stacey，n.d.），也是一种有意图的、经过深思熟虑的、回应性的、真实且有意义的课程。如果托班教师想在托育机构①中实施适合托班孩子的生成课程，就必须完整地实施这样一个过程：认真地观察孩子—制订回应性计划—开展落实计划的行动—持续地观察—为孩子提供回应性支持。这个过程的起点是对孩子的观察，教师的观察能力至关重要——教师不能只有一套观察方法，还必须信任孩子。梅莉萨建议："为了看到真实的孩子，成人必须对孩子有真正的信任。"

同时，为了制订适宜的课程计划，成人必须认识到游戏在托班孩子学习中的价值。他们通过游戏与周围的环境积极互动，实现探究自身想法的目的，这与本书的副标题相呼应——"支持儿童在游戏中学习"。托班生成课程的起点是教师对游戏中的孩子进行观察，课程计划的实施是在孩子的游戏中进行的，课程评估是通过对游戏中孩子的观察完成的。"支持儿童在游戏中学习"的理念贯穿全书。

梅莉萨还坚定地认为：任何计划都是有结构的，计划是生成课程的组成部分，应由教师主导。在实施计划的过程中，教师的主导作用是通过反思性实践实现的。计划可以根据孩子的反应调整，即计划具有灵活性和开放性，是通过教师和孩子们的互动、协作得以完成的。托班生成课程是教师从倾听、观察孩子们开始，通过反思了解孩子们当下的学习和发展需要，制订具有回应性的计划，为孩子们创造具有学习意义的环境，持续观察并根据孩子们与学习环境的互动情况进一步提供回应性支持的课程模式。究其本质，托班生成课程是一个"生出"和"发展"的互动过程，这个过程和计划的目标是开放性的，教师和孩子们发挥各自的作用，通过协作完成课程计划，而不是必须获得某一个成人所预期的结果。作为托班教师的丰富职业经历使梅莉萨能

---

① 英文原文为"toddler program"，主要招收1—3岁的孩子。因此，它既可以指幼儿园的托班，也可以指托育机构中的托班。本书根据不同的情境对其进行了灵活翻译。——译者注

译者序

在本书中分享很多真实的案例，来帮助她的同行们理解托班生成课程的制定和实施，让工作在一线的教师们有信心去实践托班生成课程，让更多的托班孩子从生成课程的实施中获得适合他们发展的学习经验。

尽管托班课程有许多种模式，但是，它们的终极目标应该是相同的，那就是让孩子拥有能满足其成长发展需要的童年，这个"童年是用来建立更广阔的生命体验的"（Francoise Dolto，n.d.）。本书为实现这一目标提供了丰富的、具有指导性和实践意义的经验与建议，相信读者一定会开卷有益。

范忆

2024 年 8 月 18 日

于新西兰奥克兰

原著推荐序

走进一间托班教室，你会看到什么？如果你像我一样，那么你会最先注意到非常多的动作。托班孩子总是在移动中，但这样的运动并非随机或毫无意义。如果带着开放的心态仔细观察，我们就会看到孩子的潜在意图是探索和理解他们的世界。每个物体和事件都有被探究的可能性——这个东西是做什么的？它是如何运作的？我还能用它做什么？它和我经历的事情有什么关系？没有什么能阻止一个托班孩子探索他所处的环境乃至整个世界。

根据我的经验，当与托班孩子在一起时，教室里的一些教育工作者会进入一种高强度的行动状态，即一种不停走动和忙乱的状态。他们常常通过常规控制现场，聚焦在要求孩子"安定下来"的学习活动上——好像是在帮助孩子为以后的生活做准备。然而，游戏和行动才是孩子为未来所做的准备，教育工作者应当信任游戏的力量。

在本书中，梅莉萨——一位经验丰富的托班教师，向我们提出了"为什么"的问题——当这些年幼的探险家充满探究的激情时，我们为什么要让他们做别的事情而不是在一个有趣且吸引人的环境中玩耍呢？该环境能让孩子与扮演支持者角色的成人互动，获得真实的活动体验。

人们对生成课程有很多误解，认为这是"跟着孩子走"，教师在其中没有发言权。但是，像我们这些对生成课程进行大量思考、写作和阅读的人都知道，生成课程是有意图的，是经过深思熟虑的，是回应性的——这是一段与孩子们一起行进的旅程，我们与他们相互协作。

一些人认为，托班的生活常规会阻碍教师深入挖掘孩子们正在进行的探究。确实，照护托班孩子的日常生活是一项艰巨的任务。但是，梅莉萨对此做出了清楚的解释，她认为生成课程的实施事实上是一个观察、反思和行动的过程。通过对这个过程的练习,教师可以成为研究者,学会识别孩子行为的潜在含义,然后做出相应的反应。这才是真正的课程,充满了孩子的有意义学习和教育者的深刻见解。

也许你所在的团队还没有真正重视游戏。如果是这样,那么本书会对你有很大帮助。梅莉萨通过列举现实生活中的例子,帮助读者明晰每种类型游戏中的学习。对于那些在评估机构中工作的人,或者那些需要让同事相信游戏中充满探索和学习机会的人,这些信息将为其提供巨大的支持。

本书最明显的情感是快乐。在教室里,在学习中,我们的快乐在哪里?在当今社会,我们很容易被标准和目标、规则和惯例、协议和期望拖入泥潭。我们生活在一个高速发展、不断变化的世界。托班孩子需要从这个世界得到什么?无疑是爱、善良、保护和安全,而快乐应该排在这个需求列表的最前面。快乐包括和大家在一起的快乐,探索材料、环境的快乐,四处奔跑、感受身体活力的快乐,探索自然世界中泥土、水、阳光和风的快乐,以及在与值得信赖的成人和其他孩子相处的过程中获得的快乐。

在关注孩子的发展和生活常规时,我们也可以积极营造快乐的学习环境,这是我们深思熟虑后对孩子们做出的回应,这样的环境将帮助他们获得更多的发展,而不只是技能。生成课程有助于我们培养终身学习者,让学习者在学习中找到乐趣。在这样的旅程中,我们可以找到与孩子们在一起的快乐,梅莉萨在书中解释了如何做到这一点。

苏珊·斯泰西(Susan Stacey)
美国幼儿园生成课程资深研究者

前言　我与托班孩子的旅程

2岁的费利克斯正在玩水桌上操作。他把一个小容器装满水，倒在下面的沙子上。他看着沙子，脸上露出了惊讶的表情。他问道："水是怎么消失的？为什么会消失？"他再次拿起容器，重复这个过程。在好奇心的驱使下，他来到了干燥的沙地上，因为他意识到这些地方可能需要更多的水。费利克斯整个上午都在开展探究。过了一会儿，他喊道："水沉到沙子里了！"这表明他已经初步理解了"吸收"的概念。

2岁的凯拉正在有机玻璃画架上用笔刷调色。她把各种各样的颜色混合在一起，高兴地向老师们宣布："棕色！我调出了棕色！"

达希尔上托班了，他刚刚与家人分开，心情十分低落，并向老师倾诉了自己的感受。他问老师自己是否可以给妈妈写封信，告诉她他此刻的心情。老师拿起写字板和铅笔，听他口述，把他的话写了下来："我很难过！""我想回家！""我想你！"不一会儿，他向老师要了铅笔和纸，这样他就可以自己书写了。老师给他提供了这些材料，然后他以涂鸦方式创作了自己的家信。

这些都是托班生成课程的例子。当谈到这个年龄段的孩子时，教育者通常会将他们与换尿布、喂食、分离焦虑以及午睡等联系起来。我们从托班教师那里听到的一些话语，大多与安慰哭泣的孩子、投放安全的玩具、跟进换尿布和午睡的时间表，以及写每日报告有关，其中涉及看管任务的活动居多。但是，对于托班教师来说，实施真实而有意义的课程对这个独特而关键的发展阶段至关重要。玛格达·格伯（Magda Gerber）是一位婴幼儿教育专家，她强调要尊重婴幼儿，认为婴幼儿是"完整的人——有意识、有直觉、善于交流；他们是天生的学习者、探索者和科学家，能够检验假设、解决问题，并理解语言、抽象概念"（Lansbury，2014）。

　　托班孩子处在学习前期。这个时期为其强烈且良好的学习倾向奠基，并为个体未来进行深入探究打下坚实基础。生成课程可以滋养这个重要的发展阶段，因为它的关注点是从儿童的兴趣和动机中生成的。它尊重孩子的探究，尊重他们的强烈情感，并让他们展现出令人难以置信的学习能力（Stacey，2015）。

　　生成课程与主题课程（thematic curricula）不同。主题课程是围绕一个预先确定的主题展开的活动。通常这些主题是由教师和学校选择的，许多主题与孩子当前的兴趣无关，而且很少能满足托班孩子的需要。这些课程往往不能满足孩子的即时情感和社交需求——事实上，这些方面应该得到最大程度的关注。托班孩子有很多兴趣，他们会花很多时间与周围的人、环境以及同伴交往。回应性教学是生成课程所固有的，有助于培养学生的自我意识，满足他们的社会和情感需求，支持他们的全面发展。

通过反思进行学习

　　我在早期教育领域深耕了近30年后，进入了一个全日制托育机构。虽然我有机会在美国加利福尼亚州帕萨迪纳的太平洋橡树儿童学校教授托班孩子，但那时我的教学经验主要适用于3—5岁幼儿。在这家托育机构，托班的日常活动包括2.5小时的开放性游戏、点心时间和一天结束时短暂的圆圈时间。作为一名教师，我的工作重点是引导托班孩子进行社会互动，支持他们解决冲突，并向他们介绍各种具有发展适宜性的活动。当时，我觉得我们是在最大限度地满足孩子们的需求。课程是关于感官体验、情感发展和社会化的。除了这些基本需求外，我没有注意到这些孩子的好奇心。在我看来，生成课程的实践只发生在3—5岁幼儿的教室里，因为我认为托班孩子的探究主要集中在社交和情感发展方面。我并没有真正觉察到随着课程出现的学习领域，也没有记录孩子的学习进展。直到在一个全日制托育机构中任教后，我才意识到，除了社交和情感发展，托班孩子对自己世界的其他部分也充满了好奇，而我作为他们老师的角色至关重要。于是我开始倾听他们的想法，创建有意义的、具有回应性的课程，以扩大他们探索的范围。

让时间回到13年前。那时我接受了一个职位，在洛杉矶的一所幼儿园里担任托班教师的导师和课程主任。当时，我并不打算在托班里实施生成课程。我的工作重点仍然是支持孩子们的社交和情感发展，并将我的理念介绍给教师小组。

那时，托班孩子每天在幼儿园待6~8小时，有很长一段自由的、不受干扰的室内和室外游戏时间。除了必要的常规活动和过渡环节之外，很少有来自教师的强制性干预。这让孩子们有足够的时间来探究自己的想法。托班的教学小组由3位教师和15个孩子组成。作为教师，我们的目标是放慢脚步，重新审视我们的实践，真正地观察孩子。最让我们惊讶的是，长时间的玩耍不仅让孩子们的游戏主题得到了扩展，还让他们萌发了复杂的想法。我们看到这些孩子在沙箱里利用自然资源设计和建造水渠；他们还把小院子里的篱笆变成了一片神奇的"森林"，用语言分享信息，彼此建立联系；孩子们和教师们一起花了几天的时间搭建各种各样的桥梁，并检测了桥梁结构的完整性。在这个过程中，教师小组学会了信任孩子和他们不断发展的探究能力。

生成课程让我们对孩子们的探究活动充满了信心，并搁置了"脚本化"和"主题化"的课程。我们一起庆祝这个对托班生成课程的新理解。它确实为孩子们进行深度的情境式学习提供了机会。这将成为一个影响托班孩子游戏质量的重要因素。我们的每周通讯记录了孩子们的学习情况，这会为我们的教学提供新视角。我们强烈地感觉到，托班孩子的兴趣值得尊重和关注。

在记录过程中，我们观察到了在他们的探究中出现的广泛且深入的主题。我们注意到，这些孩子的兴趣可以持续数周。作为教师，即使在最忙的日子里，我们也会抽出时间来分享和反思孩子们的游戏，并不断思考我们自己的实践。有人谦恭地提醒我："托班孩子是真正有能力的，他们致力于自己的教育。"（Hammond，2009）

最近，我开始了一份新的工作，在一所城市森林学校担任托班的主班教师。这开启了我教学生涯的新篇章。我与充满活力和好奇心的孩子及教师一起工作，在美丽的绿色空间里发现他们的疑问，我们所需要的开放性材料都由森林提供——这是一个绝佳的学习空间。

在本书中，我邀请教师与托班孩子一起开发课程。生成课程在托班课程中占有一席之地。教师关于孩子的思想、观点和反思是很重要的。生成课程为教师提供了思考托班孩子发展需求的空间，回应了他们不断提出的问题，并鼓励其他人在思考托班孩子的课程时开发新的视角。欢迎你加入反思孩子们游戏的旅程，将他们的想法融入你的计划，并在你的托班中引入生成课程。

目 录

第一章 一个让人好奇的问题——什么是生成课程? ······ 1
    什么是生成课程? ······ 2
    尊重托班孩子的特殊发展历程 ······ 4
    破除关于生成课程的迷思 ······ 7

第二章 教师在生成课程中的角色 ······ 13
    作为"教育照护者"的教师 ······ 14
    作为研究者的教师 ······ 15
    物理环境 ······ 23

第三章 生成课程的来源——对孩子的观察 ······ 35
    从观察起步 ······ 36
    反思:汇总所有的观察记录 ······ 39
    观察与反思:花园里的故事 ······ 42
    观察与反思:娃娃 ······ 46
    观察与反思:倾倒东西 ······ 47

第四章 生成课程的来源——教师 ······ 51
    将教师的想法融入课程 ······ 52
    知识的共同建构者:教师 ······ 61
    处理计划冲突 ······ 62

第五章　生成课程的来源——发展任务 ································ 65
发展任务：自主性 ··· 65
发展任务：分离 ··· 68
发展任务：社会化 ··· 72
发展任务：语言发展 ··· 79
发展任务：运动能力 ··· 82
儿童发展的问题 ··· 83

第六章　生成课程的来源——一日生活常规和偶发事件 ·············· 85
照护常规的重要性 ··· 86
偶发事件 ··· 92

第七章　对生成课程的整体思考 ···································· 97
制订计划的时间 ··· 98
制订计划的工具 ··· 101
撰写课程计划 ··· 106
当活动没有按计划进行时 ··· 110

第八章　记录——让孩子的学习看得见 ······························ 115
文档记录和儿童的思维 ··· 116
文档记录和家庭 ··· 118
使学习看得见的工具 ··· 120
决定记录什么 ··· 123
在正式评估中使用文档记录 ··· 129
最后的感想 ··· 130

附　录 …………………………………………………………………… 133
　　附录 A　利用生成课程资源进行计划 ……………………………… 133
　　附录 B　生成课程计划模板 ………………………………………… 134

参考文献 …………………………………………………………………… 135

第一章

一个让人好奇的问题——什么是生成课程？

你是否经常听到托班教师说："我想在我的托班里尝试生成课程，但我应该从哪里开始？""如果没有主题、没有教案，我们该如何教导托班孩子？"一些教师还会问："我该如何在一个有这么多日常护理责任的工作中实施生成课程？""教师在生成课程中的角色是什么？""我们如何评估托班孩子的发展？"

在完成教育托班孩子的重大任务时，特别是背负着来自主管、家庭、托育机构乃至整个社区的压力时，教师常常会产生上述困惑。托班孩子行动快、冲动、不理性、情感脆弱，这可能会让教师感到实施生成课程的想法有点难以落地。提前确定托班课程的主题，似乎更加方便，因为教师只需遵循已开发的课程模式，并将主题落实到他们的课程中。然而，大量的研究表明，当教师专注于支持孩子（特别是托班阶段的孩子）当下的发展需要时，会更有利于培养孩子对学习的热爱。托班孩子对当下是非常专注的，而且行动活跃，具备充分参与学习过程的潜力。当教师计划的主题与他们当下的兴趣无关，又试图严格遵循主题时，师生之间就有可能产生权力之争，教师会减少孩子的自主机会，剥夺其发展好奇心的机会。

让我们以一个主题课程和我最近在加利福尼亚州某托育机构中观察到的孩子们的反应为例。教师向孩子们宣布本周的课程主题是"沙漠"。桌子上放着仙人掌，供孩子们画画；沙漠动物的照片被贴在一块低矮的展板上，供孩子们观看；教师在圆圈时间唱了一首关于沙漠的歌。但课程小组中的托班孩子似乎更专注于自己的想法：他们在角色游戏区玩娃娃家，在沙子里挖大洞，用刷子和水在不同物体的表面上作画。孩子们在游戏中问了很多问题："照顾小宝宝意味着什么？""我能挖多深？""沙子下面是什么？""当我们用水作画时，为什么水表面的颜色会发生变化？"然而，教师坚持让孩子们把教室里布置的东西画出来；让他们假装自己是沙漠里的动物，而不是玩娃娃；给他们讲解沙漠里的动物，而不是和他们一起研究洞穴。

在这种情况下，"脚本化"课程剥夺了孩子们学习时天生的探究欲。正如在托育机构中经常发生的那样，教师被困在一个主题中，而不是倾听孩子的探究想法。沙漠主题与托班孩子的世界有关吗？真的有必要教这个年龄段的孩子关于沙漠的知识吗（尤其是当他们的社区位于沿海地区时）？教师对孩子的兴趣做出回应了吗？从我那天的观察来看，很明显，教师更关心的是主题教学，而不是孩子们在游戏中表现出的兴趣。当课程与孩子的生活相关、具有情景性，能体现孩子在日常生活中的情感经历和社会复杂性时，教师会看到参与度更高的学习者、更少的权力之争，以及一个对所有人都有回应性和支持性的环境。

让我们来看看生成课程的内涵，了解为什么生成课程对孩子生命中的这个敏感阶段有所助益，以及为什么教师的观察技能对生成有效和有意义的课程至关重要。

什么是生成课程？

生成课程是一种计划方法，它的许多想法是从托班孩子的兴趣和问题发展而来的。托班孩子对他们所生活的世界有很多疑问，会把这些问题带到他

第一章 一个让人好奇的问题
——什么是生成课程？

们所处的环境中。对许多孩子来说，托育机构是他们探索自己想法的第一个场所。

生成课程是由孩子和成人共同建构的。这意味着教师和孩子是学习伙伴——教师在创造环境中发挥作用，为孩子提供支持他们思考的材料；孩子将他们的探究和问题反馈给教师，支持教师完善课程计划。通过观察、反思、解读和计划，教师了解孩子的好奇心，并能深思熟虑地规划课程，支持孩子的全面发展。

当教师开始实施托班生成课程时，第一个任务是学习观察托班孩子与环境及环境中的人的互动。许多教师认为，观察只是看孩子做什么。相反，我们应该把观察想象成一种倾听孩子的方式，以便了解他们在想什么。观察应该从积极倾听开始，倾听将引导我们进行反思和解读。（更多关于观察的内容参见第三章。）

生成课程的一个基本要求是理解游戏在托班孩子学习中的价值。这意味着教师必须相信游戏在托班孩子发展中的重要作用，正如伊丽莎白·琼斯（Elizabeth Jones）和约翰·尼莫（John Nimmo）几十年前在其奠基性著作《生成课程》（*Emergent Curriculum*）中所呼吁的那样。游戏可以让托班孩子积极参与到与他们所处环境的互动中，并有机会探究他们的想法。当托班孩子玩耍时，他们通过物理环境来理解自己的问题。通过游戏，托班孩子与物体互动，这种互动经常是重复的，可以发展他们对事物如何运作的理解。他们使用沙子、泥土、石块和水等开放性材料来探寻问题的深层含义。

在与周围人的玩耍中，托班孩子学习建立人际关系，并开始逐步理解社交艺术。此外，他们通过爬、跳、推、跑以及其他大肌肉运动来了解自己的身体（Magire-Fong，2015）。游戏是生成课程的一个必要组成部分，因为它是自我发起的，允许儿童积极参与并对自己的学习负责。

尊重托班孩子的特殊发展历程

在生命的头三年,个体大脑的发展是迅速的。0—3岁的婴幼儿,在各个方面都经历了广泛的变化,包括社交和情感、运动技能、语言和认知的发展等。这个敏感的发展阶段使教师有机会创建一个专注于满足托班孩子特定需求的课程(Hyson & Tomlinson,2014)。

这个年龄段的孩子对情感的体验是强烈的,对他们所处环境的觉知是敏锐的。他们的发展任务是理解自己的感受,找到调节情绪冲动的方法,并发现自我表达的合理途径。他们开始对人际关系感兴趣,并对他人和环境产生信任。基于此,托班教师必须当好托班孩子社交和情感发展的辅导员。

当教师实施生成课程时,托班孩子敏感的需求通过课程得到满足。教师可以通过整合策略和工具来识别孩子的发展里程碑,为他们在这一阶段的发展提供情感支持。以下是一些生成课程对托班孩子的发展至关重要的原因。

分离焦虑:再见

在下面的这个例子中,托班教师将克服分离焦虑作为课程的一个重要领域。教师如何支持托班孩子建立对托育机构的信任?可以通过哪些策略来帮助孩子与教师建立信任关系?(在第五章,我们将对分离焦虑展开更深入的探索。)

2岁的迈尔斯刚刚和妈妈分开,正在克服他的分离焦虑。他的老师帕蒂对他脆弱的情感有所察觉,意识到他需要与老师、班级建立更深层次的联系。由于克服分离焦虑对托班孩子而言是一项重要的发展任务,因此老师们讨论并决定通过课程来实施支持性策略。帕蒂紧跟着迈尔斯,给了他一件来自他家里的东西——一张全家福,这让他能与家庭保持联系,并以健康的方式度过他的分离期。

■ 发展自主性:"我能做到!"

托班孩子发展的另一个重要阶段是自主意识萌发阶段。他们正从依赖期过渡到独立期。基于生成课程,教师会更加尊重孩子的发展规律,并支持他们在日常实践中发展自主性。通过实施生成课程,教师能最大限度地减少托育机构中固有的过度权力之争,因为生成课程强调以回应性和尊重的方式为孩子提供自主探索的机会。

2岁的菲奥娜对教室里供孩子们洗手的小水槽很感兴趣。她的老师安娜注意到她对泡沫和海绵的迷恋。由于室内的水槽有特定的用途,安娜把菲奥娜带到了外面的水台边,并提供了带有泡沫的海绵和餐具,让菲奥娜进行探索。安娜对菲奥娜的好奇心和自主性需求做出了回应,同时帮助她认识了环境的边界。

■ 大脑的生长:大脑发育的敏感期

一个托班孩子的大脑每秒钟产生超过100万个神经连接[①],并在早期经历了令人难以置信的变化。儿童大脑的发展受到环境中许多因素的影响,包括儿童与成人的互动。其中,托班孩子与他们的教师、同伴和照护者之间的关系,对其大脑的健康发育至关重要(Jensen,2000)。课程在大脑神经发育阶段起着重要的作用,生成课程强调成人应该对这一关键阶段秉持敏感和尊重的态度。当使用与大脑发展无关的固化主题时,教师就失去了影响和强化孩子大脑发展的机会。

---

① 2018年联合国儿童基金会发布的报告《在游戏中学习》(Learning through Play)指出,托班孩子的大脑每秒钟产生的神经连接可能多达亿个。——译者注

近期，我参观了一家托育机构，托班教师正在围绕"秋季苹果"开展主题课程。然而，孩子们似乎对游戏场地上的社区花园更感兴趣。参观完花园后，孩子们问了关于薄荷叶的问题。孩子们还对他们在参观花园时收获的樱桃番茄、西葫芦和南瓜很感兴趣。孩子们对花园感到很兴奋，想探究他们所发现的一切。虽然孩子们的提问给教师留下了深刻印象，但教师觉得有必要坚持原先的课程主题。在一天中的某个时刻，教师甚至拒绝了孩子们参观花园的请求，而是试图让他们参与品尝苹果的活动。孩子们对教师安排的活动感到非常沮丧，拒绝参与其中。

在早期教育阶段，教师、照护者与孩子建立的关系，是影响孩子大脑健康发育的重要因素，但由于教师对主题的"执着"，案例中的孩子失去了通过学习建立关系的机会。如果教师听取孩子们的想法，允许他们在花园里探究问题，那么会发生什么呢？想象一下，如果教师从花园里带来水果和蔬菜，邀请孩子们品尝，会是怎样的结果？托班孩子是通过直接感知环境中的材料和人进行学习的，这样的学习经历能帮助孩子的大脑建立最强的神经连接（Zero to Three，2006）。

激发托班孩子的学习倾向

当孩子对某个主题或想法感兴趣时，最有效和最有意义的学习就会发生，孩子是通过游戏来理解他们的世界的，当活动是孩子自我发起的时候，他们就会对学习产生强烈的热爱。换言之，托班孩子会对学习感到兴奋，并能从发现新事物中获得乐趣，学习对他们来说是自然发生的——他们的学习是自我激励式的。生成课程能激发孩子产生强烈的学习倾向，让他们发展好奇心、解决问题的能力，以及毅力和专注力（Gronlund，2012）。如果托班孩子能发展这些倾向，那么这能为他们的终身学习奠定基础。

在某间托班教室中，教师观察到孩子们想要烹饪，他们把植物和原材料制成混合物，教师通过增加香料和可食用的干花进行回应，邀请孩子们开展科学探究。2岁的娜奥米对这一探索活动很感兴趣，她邀请了另一个同龄孩子艾琳加入。她们添加了更多的配料，并将其混合和研磨。这两个孩子谈论着她们的创作："这是蛋糕！""不，是味噌汤！"这个活动曾在上午的很长一段时间向多个方向延伸，这反映了孩子们希望继续参与活动并进一步研究香料的愿望。天然材料对托班孩子很有吸引力，可以支持其发展积极的学习倾向。

破除关于生成课程的迷思

现实中有许多问题和误解可能会阻止教师在他们的教学实践中实施生成课程。以下是一些常见的问题。

托班生成课程和3—5岁幼儿的生成课程有何不同？

托班孩子的发展阶段不管是看上去，还是在感觉上都与3—5岁幼儿非常不同。他们正处于一个特殊阶段，回应性课程对他们的成长至关重要（Melissa Pinkham，2021），因此，本书分享的生成课程是一种计划方法（Susan Stacey，n.d.），是一种有意图的、深思熟虑的、回应性的、真实且有意义的课程。教师不仅要倾听孩子的意见，还要基于观察来理解非语言信息，它们为教师提供了额外的关于儿童探究和疑问的信息。托班孩子在与环境互动时会感到新奇和兴奋，诸如倾倒、攀爬、挖掘和玩水的探究活动是他们的学习重点。托班孩子在日常生活中的这种积极而重要的发展，可以通过生成课程得到支持，因为生成课程强调教师应当关注孩子的兴趣，并通过制订计划拓展孩子的兴趣。

在生成课程时，孩子的想法是唯一来源吗？

生成课程的许多资源为教师提供了框架。根据我自己培训教师实施生成课程的经验，参与者最常见的误解是，在开发生成课程时，必须将孩子们的想法视为唯一来源，教师在计划中处于被动地位。事实上，许多资源都能对生成课程有所贡献，教师在其中依然是计划者和组织者。教师和学生的共同努力对课程的发展是至关重要的。孩子的想法只是生成课程的来源之一，生成课程的来源应该包括以下六个方面。

- 孩子的探索、想法和探究。
- 教师的想法和价值观。
- 孩子的发展任务。
- 孩子所处环境的情感氛围，包括家庭环境，如新出生的弟弟妹妹、迁居情况，以及对其生活至关重要的其他事情。
- 作为家庭和社区生活组成部分的照护程序、日常规范和价值观。
- 引发孩子惊奇或好奇的偶发事件。

上述这些资源将在第三章至第六章得到进一步的探讨，为教师开发回应性课程提供指导（Jones，2012a）。

生成课程是否有组织和有计划？

可预测的日程，安全、有序的环境，教师充满尊重的回应，以及持续的照护，对托育机构均至关重要，而且对托班孩子建立信任感和安全感具有决定性作用（Barry & Kochanska，2010）。结构和计划同样是生成课程的必要组成部分。我曾有幸在一个关于生成课程的研讨会上做伊丽莎白·琼斯的助手。她是《生成课程》一书的合著者。在互动环节进行到一半的时候，一位教师举手问她："在生成课程中，孩子们只是自由地玩耍，不需要教师计划任何事情吗？孩子们可以做他们想做的任何事情，而教师坐在那里什么都不做，不需要组织吗？"我永远不会忘记琼斯坚定且充满激情的回答："生成课程是高度结构化的，需要思考、观察、计划和教师参与。"（Jones，2012b）

我的经验是，许多教师之所以忽略生成课程，是因为他们认为它没有经过深思熟虑的计划，没有记录，没有教师的组织。对许多教师来说，生成课程是没有结构的，因为在他们的脑海中，结构等同于严格的时间表和事先计划好的、由教师主导的活动。在教育年幼的孩子时，重新定义"结构"是有帮助的，与其将"结构"视为一个控制变量，不如试着将"结构"视为一个因变量，它是经过深思熟虑的、变化的、具有灵活性和协作性的准备。当琼斯讨论"结构"时，她不是指用教师主导的活动来填满孩子们的一天，她也没有暗示机构应该有严格的时间表。她之所以使用"结构"这个词，是因为生成课程是通过一种深思熟虑和精心计划的方式建构的。

在实施生成课程时建立一个"结构"是必不可少的，这是什么意思？

- 生成课程要求教师成为敏锐的观察者，真正看到托班孩子的行动。教师通过倾听和观察识别孩子的发展问题，然后反思自己的观察。
- 因为教师认为观察和反思是理解托班孩子学习的重要工具，所以他们配备了笔记本电脑、照相机和录像机来捕捉孩子在发展中的探究。
- 生成课程包括教师的书面合作计划，对观察结果的分享和讨论，对托班孩子发展兴趣的反思。该计划还涉及教师的兴趣、发展任务和影响课程的其他因素。
- 通过收集和分析信息，教师创造具有回应性的、邀请性的和激发性的，以及对托班孩子有意义的环境。

■ 我可以在实施生成课程的同时达到评估要求吗？

可以。在许多政府资助和认证的托育机构中，教师需要填写不同类型的评估表，以表明他们对儿童发展进行了考查。这些信息为依赖政府资助的机构提供了说明性证据。实施生成课程的教师依然可以达到政府的评估要求。

当教师面临一系列的考查任务时，我们很容易理解他们为何抵制以儿童为中心的课程。但生成课程为教师创造了一个机会，让他们放慢速度，与孩子们在一起，真正观察他们的互动。在实施生成课程时，教师可以通过观察儿童在环境中与材料的互动情况进行评估。下面是一个教师观察、反思和记录的例子。

在一个托育机构中，几个孩子对积木游戏产生了兴趣。教室里有不同类型的积木，包括木制单元积木、泡沫积木和带有磁性的建构材料（称为磁力片）。教师们特别注意孩子们对积木的探究，他们仔细倾听孩子们的问题。一个叫安德烈的孩子正忙着玩木制单元积木，他试图把长方体积木放在正方体积木的上面，但所有的积木都倒了，经过多次尝试后，安德烈感到失望。教师认识到这是一个支持安德烈搭建积木的绝妙时机，同时记录了信息以供评估。教师说："安德烈，你看起来很失望，因为积木塔一直在倒，如果你将长方体积木放在下面会发生什么？就是这块一边长一边短的积木，你看到了吗？如果你把长方体积木放在下面，然后把正方体积木放在上面，会发生什么呢？"安德烈俯身拿起正方体积木，说："正方体积木！"然后他拿起长方体积木说："大正方体积木！"

通过对安德烈摆弄积木的观察，教师可以获得一些信息——安德烈能理解二维形状，但他对于长方体的认识仍在发展。教师可以评估的其他维度包括安德烈对因果关系的理解、他在游戏中的主动性、他正在发展的关于平衡和大小的知识。作为观察者和倾听者，教师可以从安德烈与积木的互动中发现他正在学习的东西，并将这些信息用于所需的评估。观察使教师能够了解托班孩子游戏的教育价值，并将这些信息用于不同类型的评估。

当我们澄清了关于生成课程的误解后,教师和家长就可以以开放的心态进入学习过程,与托班孩子和同事进行愉快的合作了。

萨姆,一个 2 岁的孩子,正在外面的玩水桌上玩嵌套杯和贝壳。乍一看,萨姆只是把杯子装满水,然后把水倒回盛水的箱子里。萨姆的老师安娜仔细观察了他的行为,并注意到萨姆实际上是在整理自己放在水箱里的不同贝壳。经过仔细观察,安娜注意到萨姆不仅根据贝壳的大小对其进行了排序,还根据它们的特点对其进行了排序——这是安娜记录的关于萨姆发展水平的重要信息。

邀请物和激发物

在早期教育领域,"邀请物"(invitation)和"激发物"(provocation)这两个词经常互换使用。事实上,这两个词有不同的意义。让我们来看一看。

邀请物,是教师提供的欢迎并鼓励儿童进行探索的材料。有些孩子找到了将这些材料融入游戏的方法,而另一些孩子可能没有。例如,玩水桌上的贝壳或者插在橡皮泥上的鲜花可能会邀请一些孩子参与活动,创造出他们自己的想法。

激发物,是教师提供的比邀请物更能激发孩子进行深入探究的材料。激发物,可以让教师更多地了解孩子们的思维,涉及教师的在场和观察,以及那些发人深省的、有趣的或令人惊讶的、能引起孩子反应的物品。例如,在橡皮泥桌上,教师除了提供我们之前提到的鲜花之外,还可以提供人造花和干花。这种类型的材料为孩子们创造了提问的机会——鲜花和干花有什么区别?人造花长在土里吗?它们是活的吗?它们是用什么材料做的?

第二章

教师在生成课程中的角色

　　托班教师在工作中担负着巨大的责任。他们见证了儿童成长最快的阶段，教师与孩子的互动对孩子情感、社交等非认知方面的学习产生直接影响。托班教师工作的重要性被外界低估和忽视了。许多人认为照护托班孩子是任何人（尤其是女性）都可以做的工作，托班教师的角色就是满足孩子的日常基本需求——喂食、换尿布、有充足的睡眠和保持卫生，而他们在完成这些任务时所表现出的体贴、尊重及实施的教育是不值得关注或感激的。长时间的工作、低工资以及资源匮乏使托班教师压力很大。一些托班教师可能不具备早期教育的背景，无法理解照护任务的重要性，而且缺乏专业的教育知识。于是，成人与孩子互动的价值被忽视，护理质量越来越差。教师通常很快就会完成这些护理任务，然后回到"教"孩子的工作中，使用教师主导的活动、基于技能的练习、预先写好的教案来完成评估任务。此外，由于师幼互动被认为对孩子的发展不重要或没有意义，许多游戏或照护活动中的师幼互动被忽视了。所有这些因素都为托育机构中的教师制造了困难，尽管他们仍然想尝试发展适宜性教育实践。

　　然而，当我们将教师与孩子的互动视为非常宝贵的经验以及孩子与成人相互尊重的行为时，社会对教师角色的看法就会发生变化。从家长和其他社区成员那里得到的尊重和赞赏，可以增强托班教师对自身重要性的感知，提升他们的自我价值感。当教师感到自己的工作受到他人的重视时，他们会发展自尊感和对自我重要性的认知,即托班教师是有能力的促进者,他们的工作为儿童成为充满活力的终身学习者奠定基础。

作为"教育照护者"的教师

提出 RIE①育儿法的玛格达·格伯将婴幼儿"照顾者"的角色重新定义为"教育照护者"。她使用这一术语是因为她承认托班教师是以关心和尊重的方式教育儿童的人,在这种方式下,婴儿和学步儿学习以健康的方式与其他人交往,发展信心和真正的信任(Gerber & Johnson,1998)。RIE 育儿法强调托班孩子正处于发展的关键阶段,并相信他们能在既定时段、在成人干预最小的情况下通过探究进行学习。她将换尿布、喂食、睡觉和保持卫生等常规活动视作具有教育意义的、友爱的互动,认为这些常规活动构成了教育和尊重的基石。当遵循 RIE 育儿法的教育者表达对托班孩子的尊重时,意味着他们对孩子们的感受、权利和价值非常重视。当与托班孩子互动时,我们通过给予他们充足的时间、关注他们和尊重他们的想法来传达这一点。格伯强调,为了促进托班孩子在各个领域(情感、社会和认知)的发展,生活常规中的每一部分都应该受到高度重视。

花点时间来思考一下:当你和托班孩子在一起时,你是如何完成这些任务的?你是否因为教育计划中有其他事情而匆匆完成这些任务?当给孩子们

---

① 是英文 resources、infant 和 educators 的缩写,中文意思分别是资源、婴幼儿和教育者。RIE 育儿法将婴幼儿视作教养关系中的平等成员,致力于培养婴幼儿真实的自我意识,为婴幼儿安全的人际关系、持久的好奇心和长久的自信心奠定基础。——译者注

换衣服或尿布时，你是否给予他们全部的关注，或者你是否利用这段时间与其他教师讨论早些时候发生的事情？慢下来，花时间和孩子们交谈，专注于当下，有助于你把他们视为积极的参与者，而不是照护和学习的被动接受者。教师不需要急于完成这些任务，不应该忽视这些任务对儿童成长和自我意识发展的重要性。我们与托班儿童的互动为我们提供了与其建立协作关系的机会（Hammond，2009）。

作为研究者的教师

你是否曾经对某些事情（无论是一个题目、一个故事，还是一种新的做事方式）很感兴趣？当你想了解更多的时候，你做的第一件事是什么？在大多数情况下，你开始调查，也许是通过上网，也许是与他人交谈、观察或阅读。你研究这个题目是因为你好奇或着迷，而调查正好可以为你提供信息和更深入的理解。在实施生成课程的过程中，教师也可以成为一位深入理解孩子问题和探究精神的研究者。

通过问题学习

对我而言，在森林学校担任教师是一种完全不同的经历。传统的室内、室外教学转变为完全的户外教学。这里没有建筑物，没有家具，也没有为儿童专门制作的玩具。几乎所有的材料，包括开放性材料，都来自森林。我不得不忘记并重新学习许多做事的方法——与托班孩子一起完成基本的一日生活流程，在森林里设置可以激发学习的环境，以及适应自然界的不断变化。我带着很多问题进入这里——托班孩子在森林里是怎么玩的？如果没有人造材料，他们怎么玩？这会对他们的游戏产生影响吗？作为一名教师，我的角色是什么，它是如何改变的？这些问题构成了我作为森林学校教师和研究者的工作基础，为我自己的学习提供了起点，并成了我制订课程计划的灵感来源。

教师们在发展生成课程的过程中，在收集观察结果的同时，也在互相交流问题。生成课程将教育者视为思考者，大家共同学习、协作，与孩子、社区工作人员共同建构课程。

> 师师关系是早期教育实践的一个重要方面，在实施生成课程时更是如此。就早期教育而言，教师们相互依赖，有时不得不当场规划材料和活动。在实施生成课程的过程中，如果教师之间有很牢固的关系，那么教师团队可以实施连续观察，无缝衔接，并将相关信息传递给彼此。例如，在一个交错安排工作时间的机构中工作，教师们可以用一块白板创建一个"网络"来记录孩子们感兴趣的话题。这有助于教师们分享他们的观察结果，并告知组员项目中发生的事情。如果教师能依靠彼此进行头脑风暴，提出扩展和深化学习的想法，那么课程将会变得更有意义。要做到这一点，教师之间必须形成一种强有力的协作关系。
>
> ——马德兰·萨尔基西安（Madland Sarkissian），早期教育家

教师不断地反思关于孩子的问题。

- 孩子们对世界的看法是什么？
- 他们在与人交往时有什么经验？
- 他们想理解什么？
- 我们如何通过环境支持孩子们的理解？
- 我们可以为孩子们提供什么材料来拓展他们对问题的理解？

在实践生成课程的过程中，教师也会发展一种探究意识，并鼓励托班孩

子运用想象力。他们练习使用这样的语言——"我想知道，如果我们……会发生什么？"或"如果我们用这个来理解……会怎么样？"。教师为托班孩子提供材料来支持他们的思考和对事物意义的解释。开放性材料，如泥土、沙子、水等，给予孩子们机会，让他们的问题和想法能被看见。

此外，教师会持续关注托班孩子的思维，将其作为学习的起点。托班孩子基于问题、理论和兴趣的探究是其学习的强大动力。教师的鼓励有助于托班孩子更深入地探究自己的想法。教师通过创设环境、提供有意义的活动和激发物，有目的地吸引托班孩子，这样他们就可以追随自己感兴趣的话题并探究问题。

■ 通过托班孩子的身体姿势学习

托班孩子通过身体姿势分享他们的想法和感受。身体姿势是一种非语言的交流方式，包括身体语言、面部表情和声音。当托班孩子挥手打招呼，指着他们想给我们看的东西，点头表示同意，或者伸手拿他们想要的东西，通过声音和表情（微笑、大笑、咕噜声、大叫和哭泣）分享自己的感受时，他们就是在通过身体姿势进行交流。身体姿势是成人与儿童进行接受性和表达性对话的原始形式，是交流的重要组成部分。研究表明，早期使用身体姿势的儿童会拥有更广泛的词汇量（Zero to Three，2006）。

在实践生成课程时，教师将身体姿势视为一种探究式语言。这意味着当托班孩子在环境中探索材料时，教师会通过他们的身体姿势了解他们的想法和问题。例如，2岁的麦迪逊在玩水桌上玩贝壳时运用了身体姿势。当教师观察麦迪逊与他人的互动时，他们注意到了他脸上的喜悦，他用贝壳泼水时的微笑表情和笑声可以证实这一发现。当水溅到麦迪逊的脸上和胳膊上时，他笑得更大声。后来他停了一会儿，环顾了一下院子，把一个小蛤壳装满了水，并喝了一口。麦迪逊的身体姿势似乎在表达："我可以用贝壳喝水吗？我不是从杯子里喝的,老师会让我停下来吗?"接着,更多的笑声传来,随之而来的还有他发出的"yum"①和"哇哇"声!很明显,麦迪逊对关于水的研究很兴奋,他在感觉和品尝水,想知道这项活动的界限是什么。在这种情况下,身体动作和声音都提供了来自麦迪逊游戏的探究性信息。通过观察一个托班孩子的身体姿势,我们所接收到的信息,为我们未来的计划提供了起点。

通过托班孩子的行动学习

托班孩子对环境的理解,是通过他们的互动表现出来的。在实践生成课程时,教师将孩子视为好奇的研究者,他们带着许多值得研究的想法进入学习过程。托班孩子是学习的积极参与者,在发展自己的理论方面表现得非常有能力,正如幼儿教育家和作家苏珊·斯泰西在2020年的一次网络研讨会上所说的那样——"幼儿是终极研究者!"(Susan Stacey, 2020)。这对托班孩子来说当然是正确的。他们在环境中的行为表达了自己对世界的疑问和理解,例如,当幼儿突破界限和尝试极限时,他们是想要获得相关的信息。我们可以把托班孩子的行为看作他们提问的一种方式:"如果我把这片叶子从树上摘下来会发生什么?""如果我爬过这扇门,我的老师会有什么反应?""我能吃沙子或泥土吗?它们和食物一样吗?它们尝起来是什么味道的?"

托班孩子通过彼此身体的直接互动开启社会化进程。教师经常幽默地称他们为"新生的社会科学家"。通过观察托班孩子的社交互动,教师可以以具有支持性的方式对幼儿的社会性学习做出回应,并积累关于人际关系的知识。托班孩子之间的社交互动可能是这样的:"为什么我拉我朋友的头发时他会哭?""如果我把卡车从他手里夺走,他还会和我玩吗?""把我朋友的一桶沙子倒掉会让他生气吗?或者他会觉得这很有趣吗?"

---

① 表示味道或气味非常好。——译者注

教师通常会很自然地对托班孩子的肢体探索做出口头回应，并将其视为负面行为，例如，他们可能会说"不要倒水了，弄得一团糟！"或者"放开加布里埃尔！你这样做是不能成为他的好朋友的！"。在这些情况下，教师错过了创造教育时刻的机会，以及以更积极的方式引导孩子改变行为的机会："当你拉加布里埃尔时，你会弄疼他的，你想对加布里埃尔说什么？你是想和他一起玩吗？""如果你想倒水玩，我们可以去找个你能倒水的地方。"教师给托班孩子讲解什么是适当的社交信息，这对他们来说就是一种支持。教师想让托班孩子知道抓人和打人会弄疼别人。他们还想让孩子们明白，把他们面前的所有东西都倒出来是不合适的。事实上，教师可以通过托班孩子的行为来了解他们正在试图理解什么，这可以在教师开发课程时给他们带来启发。教师可以将这些互动视为一个起点——我们如何利用这些信息来计划一个活动，帮助托班孩子解答自己的疑惑？我们可以提供什么样的激发物，以便孩子们验证他们的想法？

从托班孩子的"理论"中学习

当有人提到"理论"这个词时，你会想到什么？对于成年人来说，它始于一个观察、一个想法或一个帮助我们理解事物如何运作的前提条件。我们通过对世界的感知和体验来发展理论，而理论可以为我们的经历提供解释。托班孩子也有能力建构自己的理论。他们已经从自己的家庭生活中获得了很多经验，有些孩子甚至已经从其他照护中心或家庭护理中心获得了社会经验。托班孩子的理论使他们能理解自己的世界，发展自己的见解。此外，托班孩子的理论会对他们的许多问题产生影响。我们可以通过他们的行为观察到这一点。看一看孩子的行为，然后试着理解他们有哪些疑问。

- 孩子打开和关上门："我在学校做这样的事情会有什么不同的后果吗？"
- 孩子在积木区的地毯上哭泣："我周围有很多孩子，在我玩的时候，他们想拿走我的玩具，我该怎么和他们玩？"
- 当同伴哭泣时，孩子会感到自己也情绪失调："有时别人会在父母离开时哭泣，这让我也感到难过。"
- 在午餐时间，孩子不断地从椅子上站起来："我与家人的吃饭方式通常不一样，现在我和很多人一起吃午饭，我可以随时站起来吗？这里的要求是什么？"

这些都是相关而有意义的问题，反映了托班孩子自己的生活。他们的所有理论都在课程中发挥作用。我们可以通过了解他们的问题获取有价值的信息，并基于此制订计划。不要把托班孩子的行为看作是需要不断纠正的，而要把它们看作是提出问题和发展新理论的行为。当我们放弃旧的观察方式，向他们敞开心扉，让他们思考自己的行为时，就有了各种可能性（Stacey，2019）。作为教师，我们以伙伴的身份加入孩子的探究中，为他们提供材料，使他们的思维变得可见，并拓展他们的想法。实施生成课程是一个教师、家庭和社区协作的过程（Jones，2012a），我们将在第五章更多地讨论家庭参与。

教室里的故事

在尊重好奇心的同时建立界限

2岁的科尔对混合沙子和水很好奇。他想把桶里装满的沙子倒在户外的水槽里，让沙子堵住排水管，然后打开水龙头，观察水如何流动。科尔目前关于排水管的认知是"任何东西都可能掉到排水管里"。对科尔来说，排水管就是水可以流过的管道。科尔在与同伴一起洗手时观察到了这一点。这对科尔来说很有意义，而且将会是一个极妙的学习机会。如果教师说"科尔，不要把沙子放在排水管里！你会把它堵住的"，那么教师就没有给科尔提供任何有价值的信息。相反，如果教师把科尔带到一个地方，在那里他可以进行倒沙子和水的实验，那么科尔和他的同伴将获得宝贵的学习机会。

教师开始和科尔分享管道（尤其是排水管）的工作原理。该如何以具体的方式与这些孩子一起建构关于管道的知识呢？另一个孩子费利克斯说："我们用管道玩具吧！"费利克斯记起了他使用过的一种材料。教师拿出管道玩具，让孩子们努力去理解排水管的概念。突然，所有的孩子都加入了这一探究！他们开始把管道连接在一起，并试图把它们接到水龙头上。他们甚至尝试用水桶接水。孩子们一起开始了思考的过程，每个人都在探索中找到了自己的角色。

通过这种互动，教师了解到，即使环境是为探索而设置的，托班孩子也会为了寻求信息而尝试所有的边界。把水和沙子混合在一起对他们来说太有吸引力了，他们决心探索自己的想法。教师没有把这个场景看作一节"课"，教孩子们不要做什么，说"不"或"不要碰"，而是把它变成了一个宝贵的发现时刻。通过这次探索，科尔开始明白，当沙子流入排水管时，排水管就会被堵住，这是他通过玩管道玩具建构的知识。沙子顺着排水管流下来，就会堵塞水槽，如果水槽堵塞了，就不能使用了。如果教师试图向科尔口头解释这个过程，他不会理解，因为这是一个抽象的知识点。管道玩具给科尔和他的朋友们提供了具象的信息，告诉他们当管道堵塞时会发生什么。此外，这种互动将儿童群体聚集在一起，有助于他们合力探究共同感兴趣的话题。

通过观察托班孩子的互动，教师开始了解孩子的探究式语言，寻找解释他们行为的方法。教师开始对托班孩子的思维、他们的发展理论以及他们对环境的诸多疑问做出反应。

与托班孩子共同建构

教师和托班孩子在开展生成课程的过程中是知识的共同建构者。托班孩子探索环境,用一种游戏方式表达他们的疑问,教师从中获得了课程资源。教师和孩子一起决定接下来可以引进什么材料来拓展他们的想法。共同建构的课程可以与儿童的家庭生活实践有关。下面的故事是一位教师和孩子共同建构课程的例子。

教室里的故事

泥巴厨房的厨师们

肯德尔是洛杉矶东北森林学校托班的一位教师,该校坐落于一个县级公园的自然区域。在这个环境中,教师设置了一些摆放激发物的区域——邀请孩子们开展探究活动。其中一个指定的区域被称为"泥巴实验室和厨房"。这个空间允许孩子们用水、树叶、泥土和其他自然材料做各种实验。经过几天的观察,肯德尔注意到了孩子们将自己的家庭经历融入游戏的行为。她观察到,孩子们会说诸如"我做蜂蜜蛋糕"或"看,咖啡!"之类的话。有一天,一个叫伊夫的孩子指着他正在用的一根扁木棍说:"我在切蔬菜!"肯德尔注意到伊夫用一根有角度的棍子代表一种切割工具。令她印象深刻的是,伊夫找到了一根可以用来切菜的棍子,并应用了他在家里观察到的烹饪技巧。这种互动给肯德尔提供了一些想法,她可以在泥巴厨房里增添可激发孩子们进一步探究的材料。第二天,她放了一块砧板和她在户外收集的绿色植物。肯德尔还收集了其他的"棍子刀",它们类似于伊夫的"棍子刀"。孩子们都加入了,充满热情地切着和剁着绿色植物。他们发现了一个荚果,试图把它切成两半,但他们发现"棍子刀"不是完成这个任务的合适工具。这使得所有的孩子和教师都去寻找新的切割工具。

当教师和孩子们共同建构他们的知识时,他们有很多新发现。伊夫了解到特定的棍棒(或棍棒工具,就像森林学校里所说的那样)可以用于完成特定的任务,比如剥、砍。他还了解到,有些木棍很像家里的工具。教师和孩子们一起了解到,有些材料(比如荚果)很难被剥、砍,于是他们开始寻找其他可能完成这项任务的工具。他们发现小石头可以敲开荚果,而某些表面坚硬的松果可以变成压平叶子的"擀面杖"。这有助于托班孩子拓展其对烹饪工具的理解,并为教师的课程计划提供新起点。

当教师和托班孩子共同建构他们的知识时,许多想法会在课程中出现,每个人都是学习过程中的动态参与者。

物理环境

环境在托班课程中扮演着重要的角色,它也是生成课程的重要组成部分。在受瑞吉欧教学法启发的托育机构中,因为环境对儿童的学习有巨大的贡献,所以它被当作"第三位教师"。瑞吉欧教学法是一种结合了教学、学习和倡导儿童权益的方法。它的基本形式是教师观察儿童想知道什么、他们的好奇行为和面对的挑战。这种理念将儿童视作有潜力和想法的人。教师通过观察记录反思适合儿童发展的方式,帮助儿童拓展想法。

当教师对环境如何邀请孩子进行探究有一个大致的了解时,他们可以为托班孩子创设有趣的空间;在这个空间里,孩子们可以根据自己的想法行事,选择对他们而言有意义的活动(Nelson,2012)。教师对环境的回应性准备为托班孩子与材料的互动提供了相应的平台,并为他们创造了丰富的探索机会(Wurm, 2005)。一个精心安排的环境可以增强儿童与材料和其他儿童之间的互动。与成人、同伴以及环境建立关系,有助于托班孩子发展社交和情感能力。

环境的所有组成部分,对于托班孩子探究他们的问题而言都是必不可少的,它们同样为教师开发课程提供了资源。托班的环境必须与小、中、大班的环境有所区别,因为托班孩子与3—5岁幼儿的成长需求是不同的。当材料适合托班孩子使用时,他们就会茁壮成长。这些材料包括大的开放性材料、天然材料和感官材料。小、中、大班中的许多小而零散的材料,可能会对托班孩子构成潜在的威胁。3—5岁幼儿比托班孩子有更成熟的技能,尤其是自我调节技能,这是教师在创设环境时要考虑的一个因素。由于托班孩子是在他们的物理世界中学习的,因此材料需要耐磨、方便取用。

花点时间反思一下你所在的托育机构的物理环境。

- 物理空间向教师传递了什么?向孩子传递了什么?
- 环境是否井然有序?
- 材料是否足够大,会不会有造成孩子窒息的危险?
- 材料的展示方式是否能吸引托班孩子探索他们的想法?
- 这个空间是否为托班孩子提供了充足的活动空间?
- 家具是否符合托班孩子的尺寸且状况良好?
- 这个空间欢迎所有人吗?不同能力的孩子和成人都能适应吗?
- 教师可以看到所有空间中的孩子吗?架子的高度是否允许教师监管所有空间中的孩子?
- 如果可能的话,那里有自然光吗?有没有办法创造环境光?
- 这个空间会邀请托班孩子在室内和户外都进行探索吗?
- 材料是否具备开放性,允许托班孩子表达他们的想法、用不同的方式进行探究以获得更深的理解?

托班孩子的材料

教师在整合环境时所使用的材料为托班孩子的探究提供了基础。托班孩子不断探究他们接触的一切。当教师认为这些材料有助于托班孩子培养解决问题能力、想象力、科学探究和感官探索能力时，它们就成了丰富的学习资源。我们希望材料本身能给儿童创造机会，让他们思考自己的想法。下面是一些支持教师为托班课程提供材料的指导方针。

- 基本的、开放性的材料最适合托班孩子，因为它们要求托班孩子去思考，而不是替他们思考。不同大小的碗、罐、勺子、木板、玩具车、自然材料和开放性材料可以让托班孩子将自己的经验带到游戏中。
- 由沙子和泥土等自然材料构成的玩水区和空间可以变成儿童想象的任何东西。这些材料能为他们提供丰富的感官体验，促进他们的发展。
- 与托班孩子一起布置材料时，简单是关键。当教师以有组织且简单的方式提供材料时，会创造一个平和的、邀请孩子进行游戏的环境，而且不会让他们的神经系统不堪重负。

材料的安全性

在托育机构里，安全是最重要的。托班孩子经常用嘴吃物品，这被称为"口腔探索"，是托班孩子理解不同材料的方式。托班孩子是容易冲动的，他们无法轻易阻止自己。环境中的小物件对托班孩子而言是危险的，可能会导致有"口腔探索"冲动的孩子窒息死亡。食用有毒的植物，在没有成人监督的情况下使用可能伤害他人的尖锐物品，会危及孩子的安全。作为教师，我们的工作是在规划课程的同时评估不同的材料，评估其涉及的风险。当托班孩子有可以使用的材料而不受太多限制时，他们就会有更多的机会发展处在萌芽中的自主意识。对于教师来说，在创设环境时，评估材料的安全性、适宜性，无疑是重要的。以下是检查托班材料安全性的一些指导方针（并非详尽无遗）。

- 检查小的物体和部件。托班孩子仍然会用嘴来探索材料，小物体可能会有让孩子窒息的危险。这个物体比孩子的嘴小吗？测试有无窒息危险的小物件测试筒（choke-test cylinder）可用于检查材料是否存在令人窒息的危险。
- 查看环境中的植物。它们对托班孩子来说是安全的吗？许多植物可能是有毒的，如果误食了它们，孩子就会中毒。
- 艺术材料，诸如颜料、胶水和橡皮泥等，应该是无毒的。
- 避免玩具发出很大的噪声，以降低孩子的听力受到严重损伤的风险。

开放性材料

开放性材料是可移动、拆卸、重新设计和以各种方式建构的材料。开放性材料没有任何指定玩法，它给予孩子创造性地、灵活地玩耍和发展自己想法的自由。教师可以将开放性材料组合起来，将其纳入多个游戏区域。开放性材料可以是自然材料，也可以是人造材料。教师应当经常对开放性材料的大小、材质和数量进行检查，以确定其适合孩子的年龄阶段（Daly & Beloglovsky，2016）。以下是一些材料提示。

- 纸板箱
- 纸卷和纸管
- 塑料碗和木头碗
- 各种有盖容器的盖子（确保它们很大，不会造成孩子窒息）
- 可以用于倾倒的大塑料瓶
- 纺织物的碎片
- 人造花

开放性材料可以以许多吸引人的方式展示。把塑料瓶放在有漏斗的玩水桌上,把人造花种在沙子里,打造一个花园,将纸卷排列在一个篮子里,这些都在邀请托班孩子参与探索与发现。

自然材料

自然材料是大自然创造的有机物体,如树叶、松果、树枝、泥土和岩石。与开放性材料相似,自然材料也具有开放性,可以支持托班孩子解决问题和促进他们想象力的发展。将这些材料融入他们的环境,有助于他们发展与自然的关系(Warden,2007)。例如,当孩子使用来自大自然的物品时,他们可能会问:"叶子是如何长出来的?""它来自哪里?""它为什么会从树上掉下来?"与开放性材料相似,自然材料也有转化性:树叶可以变成假想的食物,泥土和沙子可以变成用于烹饪的原料,小树枝可以变成魔杖、乐器和动物。自然材料为孩子发展批判性思维创造了机会:松果可以是光滑的或多刺的,树叶可以是柔软的或干燥的,树皮可以呈现出不同的色调、复杂的图案和各种纹理。以下是我最喜欢的自然材料。

- 各种形状和大小的松果
- 不同种类的叶子
- 泥土和沙子
- 木片
- 可食用的植物,如香草
- 季节性收获的农作物,如南瓜和葫芦
- 无毒的花朵

有争议的棍子

能否开展棍子游戏,一直是教师争论的一个话题。在大多数情况下,当教师看到一个孩子拿起一根棍子玩耍时，我们会听到"把棍子放下！它会伤到人！"或者"棍子很危险，它会戳到别人的眼睛！"，但是儿童喜欢玩棍子是有很多种原因的，让我们来看看为什么。

棍子是开放性材料，可以变成许多东西。它可以代表像"剑"和"魔杖"这样有力量的物品，用以"拯救世界"、培养英雄主义精神。棍子是在沙子和泥土上做记号和打洞的完美工具。它们可以立马变成"鼓槌"，发出响亮的声音，然后又变成"钓鱼竿"，用于捕捉各种海洋生物。对仍处于自我调节早期阶段的托班孩子而言，棍子也可以用来打人和戳人。托班孩子是冲动的，在许多早期教育机构里，即使是年龄较大的孩子也不能使用棍子。然而，在保持低风险的同时，教师仍然可以引导托班孩子玩棍子，这样能激发他们的想象力。以下是一些关于托班孩子如何玩棍子游戏的想法和指南。

- 在学习如何使用材料时，托班孩子需要明确一些界限。自然学校或森林学校的教师让孩子们将棍子放低、放慢动作，这样可以教会孩子们正确使用棍子，尤其是当他们周围有一群人时。
- 由于托班孩子的自我控制能力正在发展中，所以教师需要提前判断他们能否正确地使用棍子，必要时可以把棍子从环境中移走。一根又大又重的棍子，对一个无法以安全的方式控制它的孩子来说太有诱惑力了。
- 为托班孩子提供有一定韧性的、较轻的小树枝，以便他们将其应用到自己的游戏中。比如，托班孩子可以在积木游戏中把小树枝当作一种建构材料，在黏土塑形或绘画等艺术活动中把小树枝当作一种工具。教师可以向孩子们介绍如何创造性地使用小树枝或小棍来为小动物搭建巢穴或其他小型栖息地。
- 与你的同事讨论使用棍子的想法，确保每个人都感到安全和舒服。教师们可以一起商定有效管理棍子游戏的方法。
- 儿童绘本说明了棍子游戏如何激发孩子的想象力。安托瓦内特·波蒂斯（Antoinette Portis）的《不是棍子》①（*Not a Stick*）和约翰·赫格里（John Hegley）的《斯坦利的棍子》②（*Stanley's Stick*）都强调了这样一种观点，即儿童需要有机会改变材料以适应他们对世界的探索。

记住，所有的儿童都喜欢在游戏中探索有力量的物体。在托班孩子的游戏中，棍子也经常会变成"剑"或其他武器。这通常是他们在学校里被阻止玩棍子游戏的原因之一。然而，避免孩子玩力量游戏并不能使该类游戏消失。当教师谈论自己对孩子用棍子玩力量游戏的担忧和感受时，他们可以与孩子共同构建策略和指导方针，找到玩棍子的其他方式。

人造材料

开放性材料，无论是自然的还是合成的，都是不可预测的和独特的，而人造材料通常是为一个指定的目的而设计的。有许多适龄的人造物品，如婴儿娃娃、玩具火车、积木和铲子等，这些通常可以在早期教育环境中找到，它们对托班孩子的发展是有益的。要为托班孩子寻找他们在创编和表演故事时可以使用的玩具。人造材料应该能促进托班孩子发挥想象力对其进行改造或重新利用。例如：小游戏室可以供孩子们玩娃娃家游戏，也可以被改造成谷仓或停车场；用于烹饪的锅碗瓢盆也可以被当作乐器；水桶既可以用来搬运沙子，也可以作为孩子们在长途探险时带的手提箱。在选用下面这些材料时，请想想它们能否鼓励孩子进行探索。

- 玩具汽车、火车和自卸卡车，可供孩子在不同阶段以多种方式使用。例如：在年初的时候，孩子们可以在院子里开自卸卡车，随着其表征

---

① 该书中文版已由黑龙江美术出版社于2018年4月出版。——译者注
② 该书中文版已由外语教学与研究出版社于2015年3月出版。——译者注

性游戏和戏剧游戏开始发展，自卸卡车就可以变成倒垃圾的垃圾车。
- 人造材料应当能培养托班孩子的问题解决能力和毅力。例如，玩与火车车厢、轨道和拼图相关的游戏，能为孩子发展毅力创造机会，需要孩子具备一定的空间能力（理解事物如何组合在一起）。人造材料，如大串珠、嵌套玩具和建构材料（包括积木和塑料块），有助于托班孩子发展手眼协调能力和小肌肉运动技能。
- 塑料的动物或人物模型可以激发托班孩子的创造性游戏。
- 玩具娃娃和柔软的动物玩偶给托班孩子提供了锻炼照护能力的机会。

不适合托班孩子的人造材料有以下几种。
- 电池驱动的物品，比如电动汽车、会说话的动物玩偶，以及一按按钮就能出声、发光和播放音乐的玩具。这些玩具通常是为展示而设计的，不需要孩子行动或思考。
- 有性别倾向的玩具和材料。这类材料设定了谁可以玩或谁不可以玩，以及游戏方式。媒体人物的道具服，有明确性别特征的职业角色玩偶（例如男性医生、消防员等），以及带有性别刻板印象的图书，都会限制孩子的游戏（Derman-Sparks & Olsen-Edwards，2010）。
- 不建议 3 岁以下儿童使用平板电脑、计算机等电子设备，以及进行任何类型的屏幕互动（Hawkey，2019）。

当教师为托班孩子创设学习环境时，目标是使所有材料都具有支持托班孩子探究的作用，而且可以供孩子以富有创造性和想象力的方式开展游戏（Jones & Nimmo，1994）。教师可以通过提供多样化的材料来邀请孩子进行探究。

第二章
教师在生成课程中的角色

■ **户外游戏**

在早期教育领域，目前有越来越多的研究表明，户外游戏能使儿童茁壮成长，发掘出他们最大的潜力。迄今为止，通过游戏进行的户外学习，被证明比室内环境或"脚本化"课程更适合托班孩子的发展（Sobel，2016）。对于托班孩子来说，参与大量的户外活动对他们的健康至关重要。户外活动为他们提供了可探索的空间和自由，同时为他们发展中的心智提供了丰富的感官刺激。

作为一名户外教育工作者，我经常要求教师反思他们在户外的经历。我会问："当你心烦意乱，需要自我调整时，你通常会去哪里？"大多数人会回答："去外面。"然后我会问："如果你班上的孩子大声喧哗，过于活跃，你通常会怎么做或怎么说？"教师回答说："是时候让大家去外面了！"这些反思将有助于我们审视户外游戏的益处，它对孩子和成人都是适用的。倡导开展户外教室项目的埃里克·纳尔逊（Eric Nelson）指出，任何可以在室内学到的东西，在户外可以学得更好（Eric Nelson，2012）。托班孩子的学习也不例外。户外为他们提供了许多机会，让他们接触那些对他们而言很重要的想法。

对这些研究进行思考，令人惊讶的是，很少有托育机构将户外环境作为拓展学习的场所。许多人将户外时光描述为"休息时间"。这种观点在许多早期教育场景中很常见，这表明仍有许多教师不了解户外活动对儿童发展的价值。此外，即使教师确实想使用户外环境，许多学校也存在后勤安排上的困难，例如，缺乏进入庭院的通道，户外空间有限，与其他单位共享户外空间，以及教师要在室内完成书面评估、核对任务清单、撰写每日报告等。

你能做些什么让你班上的孩子去户外呢？如果你不能经常去户外，那么你该怎么把外面的世界带进你的教室呢？让我们看看户外游戏的益处。

- 当托班孩子在户外玩耍时，他们获得了攀爬、跳跃、牵拉和奔跑的技能，进而锻炼了身体的协调能力。身体运动还能降低儿童肥胖的概率。
- 当托班孩子在户外玩耍时，他们有更多的机会发挥创造力，以自己的节奏主动探索环境。

- 研究表明,当托班孩子在户外玩耍时,他们会获得骨骼和肌肉的发展,增强核心力量,建立平衡感,增强空间意识(Louv,2005)。
- 经常在户外玩耍的孩子会更好奇、更自主,甚至可能会更长时间地集中注意力(Louv,2005)。

制订一个计划,将户外学习纳入你的课程,并与你的主管和教学团队分享这些信息。以下是一些建议。

- 与你的同事和主管会面,集思广益,为孩子争取更多的户外游戏机会。
- 评估你的户外庭院和游戏场地的空间——孩子是否有机会进行大肌肉运动或开展挑战性游戏?是否有可攀爬的地方、摇摆类器械,以及可举起和移动的大型建构积木?是否有可挖掘、搬运和搭建的原材料,如沙子和泥土?教师能把室内活动带到户外,通过一篮子书、毯子来创设一个柔软安静的区域吗?户外可以进行艺术活动吗?
- 鼓励教师分享自己童年时期在户外度过的愉快时光,促进他们理解户外活动的价值。个人反思将有助于他们认识到户外活动的重要性。
- 互相分享文章,探讨户外活动对儿童发展的意义。

把户外材料带进室内

由于地理位置、空间或环境条件的限制,许多托育机构的户外游戏空间有限。教师可以把户外材料带进室内,为孩子提供一种在户外的感觉。

- 在你的室内空间中添加一些自然材料,比如松果、树皮、植株和树叶。一定要检查它们是否有安全隐患。
- 使用自然颜色的织物,如粗麻布、素色图案的布料或羊毛碎片,

> 创造一个温馨、宁静的环境。
> - 用自然材质的篮子代替塑料容器。这些篮子可以像塑料容器一样被消毒,是对托班教室环境的补充。
> - 把无毒的植物带进教室。这为空间增加了户外元素,也帮助孩子了解了如何养护植物。
> - 使用木碗或木制托盘来展示自然物品、操作工具和感官物品。刷过漆和密封处理过的木材可以被消毒,供集体使用。

冒险的机会

托班教师面临的众多挑战之一是,找到提供合理冒险的方法。为安全探索而设计的托育环境应该有一些允许孩子冒险的机会。学习如何减轻风险是童年生活必要的组成部分,儿童通过探索周围的物理环境来培养理性的冒险精神。他们在玩耍时必须冒险,这样才能了解自己身体的能力和局限。当教师在孩子身边时,他们可以通过充满支持和鼓励的话语来引导孩子勇于尝试。

户外环境为儿童创造了一个冒险的理想场所。在不平坦的路面上行走,在树桩上爬上爬下,以及使用身体的核心力量在山坡上爬上爬下,都给他们提供了冒险的机会。在下文中,一所城市森林学校的负责人和创始人——贝卡·哈克特-利维(Becca Hackett-Levy)对托班孩子的冒险行为进行了反思。

> 我是洛杉矶一所森林学校的教师和主任,我们整天都在外面,有大量与托班孩子一起冒险的机会。没有什么能阻止一个个小小的人类探索他们的环境,尤其是在大自然中。托班孩子需要通过运动来学习。他们的整个身体就是他们的大脑。运动推动了托班孩子的学习进程,如果孩

> 子以一种惩罚性的方式了解到自己身体上的限制（比如班级环境的边界），那么对风险的恐惧可能会阻止他们探索，甚至激发他们的反抗心理。考虑到托班孩子面临的风险后，要设定合理的限制，准备好有助于孩子学会识别周围环境的"空间观察语"，以降低风险。教师可以这样说——"我注意到我们到××班（班级名称）的边界了，其他教师可能看不到我们，让我们往回走。""我看见你爬到树枝上了，站在上面感觉如何？你看起来很担心，如果你需要我，我就在这里。"
>
> 社交和情感发展与"了解我们是谁""如何与周围的人相处"有关。问下面这样的问题是要冒着情绪风险的："我可以玩吗？""如果他们拒绝我或者把我推开怎么办？"在加入游戏时，托班孩子仍在努力通过语言和身体交流来加入同伴。在教师的指导下，他们可以学习亲社会语言——这对建立人际关系而言不可或缺。当孩子们越来越熟练地使用社交语言时，教师可以退后一步，让孩子们自己衡量他们在社交互动中的舒适程度。
>
> ——贝卡，美国洛杉矶东北森林学校创始人和主任

在生成课程中，教师在为托班孩子创造探究和参与机会方面，发挥着不可或缺的作用。孩子和教师之间的信任关系，为儿童的科学探究奠定了基础。教师可以通过身体姿势和动作理解儿童的探究语言，以更好地制订课程计划。环境对儿童发展新经验至关重要。教师创设的环境是生成课程的来源，因为它是对托班孩子的探究做出的回应。

环境中的材料和人，对于支持托班孩子进行探究至关重要。教师所要扮演的角色是继续寻找方法来支持孩子们理解探究的价值，并提供材料帮助他们提出更多的问题（Jones，2012a）。正如以下章节所讨论的，是生成课程的各种来源汇集在一起，创造了有意义的托班课程。

第三章

生成课程的来源——对孩子的观察

作为一名课程指导者,我发现许多教师怀着巨大的热情,做好了实施生成课程的准备。然而,生成课程让人误解最多的概念是"儿童是生成课程的唯一来源"。该概念伴随着对教师作用、发展任务、情感、交往氛围以及偶发事件的忽视,事实上,这些因素是蕴含在生成课程的实施过程中的,是生成课程的重要组成部分(Jones,2012a)。如同儿童的探索和自然环境在生成课程中起着重要作用一样,对其他资源如何融入生成课程实践的理解,可以使我们明晰诸多资源是如何在生成课程的实践中一起发生作用的。这一章和接下来的几章将分别讨论不同类型的生成课程来源,介绍教师如何在规划课程的过程中整合这些资源。我们从观察和倾听托班孩子开始,将该方法作为了解托班孩子想法和探究活动的途径。

当我们规划课程时,儿童是最重要的资源,他们的游戏向我们传递了有关其兴趣和探究活动的信息。托班孩子的特别之处在于,他们仍处在使用非语言对话方式进行交流的阶段,教师在很大程度上需要通过对其游戏的观察和倾听来规划课程。观察和反思是生成课程的起点,能帮助我们发展对儿童思维的理解。

从观察起步

> 当我们观察儿童时,倾听得越仔细,发现得越深入,领会就越深刻。

观察在教师追随托班孩子不断变化的发展需求、觉察他们的想法和问题及感兴趣的话题方面发挥着关键作用。教师在职前教育阶段习得的观察技巧通常只是观看孩子的行为并将其记录在纸上,或者是把信息录入计算机。然而,观察实际上是倾听儿童,并逐渐了解他们正在尝试理解什么的行为。通过倾听儿童,教师可以洞察托班孩子的好奇心和已经掌握的知识。这就向教师提供了一个汇总信息的机会,这些信息是与儿童思维有关的。诸如,教师可以提出以下问题。

- 托班孩子好奇的是什么?他们的问题是什么?
- 他们的兴趣是什么?他们在尝试理解什么?
- 他们对所处的环境有什么疑惑?
- 他们会对世界形成怎样的看法?我们能从他们身上学到什么?
- 当他们因缺乏表达性语言而不能彼此沟通时,我们应该如何理解他们的探究?
- 我们应该根据他们的哪些兴趣来制订计划?

上述问题的答案都是规划课程所需的重要信息。以下几点建议可以帮助教师提高观察能力。

花时间去倾听

试想一下,当你与朋友或家人在一起的时候,你周围的人都在说话,你

第三章 生成课程的来源
——对孩子的观察

在听他们说话。与此同时，你也可能在想一些你必须处理的事情，例如尚待回复的电子邮件、短信和电话。在听别人说话时，你可能会一心多用，其他人也难免出现这样的情况。但是，当你听一个托班孩子说话的时候，请将注意力完全集中到孩子身上。观察托班孩子，要求你积极倾听，专心致志地与他们在一起。积极主动倾听，是通过时间和经验积累形成的一种能力。当我们与孩子在一起时，请先放下其他事宜，集中注意力去关注和倾听他们。当我们主动而积极地倾听托班孩子时，我们就开始理解他们的问题了。倾听有助于教师与儿童建立一种牢固的关系，需要教师全身心投入。教育者克丽·恩布里和希瑟·伊夫琳（Kerri Embrey & Heather Evelyn，2020）提醒我们，托班孩子需要成人倾听他们的想法，并对他们的想法和看法充满好奇。

■ 找一个适合倾听的位置

如果可能的话，在环境中找到一个可以观察和倾听孩子且不引人注目的地方。当我们把自己置身于托班孩子的探索过程中时，我们便打断了他们游戏的自然进程。我经常观察到一些教师迫切地想教给孩子们一些东西。许多教师认为如果他们不向孩子们传授信息，那么他们就不是在教学。然而，根据我们对托班孩子的了解，事实并非如此，托班孩子对他们的世界了解甚多。当我与托班孩子在一起时，我会安静且专注地坐在他们旁边，除非必须介入，否则我不会提问。如果我在户外看到一只松鼠在树上跑，我可能会问"它在做什么？""你们是怎么想的？"，或者我会让他们提问。

■ 找到陪伴孩子的方式

许多教师发现全面陪伴托班孩子是一件困难的事情，因为他们还需要做其他照护婴幼儿的事情，例如换尿布、喂奶、哄睡等。一个有效的策略是，安排一名教师在现场全程陪伴孩子游戏，该教师要承担观察者的角色，主要工作是倾听孩子、观察他们的互动。

■ 向同事询问

我经常向我的同事询问托班孩子的互动情况，这是为了获得更多有关托班孩子活动的信息，了解同事对某件事情的不同看法。因为教师不可能随时关注到教室里的所有孩子，所以我们需要多听听其他教师的看法。与教学团队里的其他成员一起教研，是我们了解托班孩子思维的重要手段。请看下面的这个案例。

我问："我注意到利昂在户外建构区附近花了很长时间来挖沙，如果其他孩子想加入，会怎么样？上周杰玛想加入他的游戏时，他非常不高兴。我们可以找到哪些有效方法，让两个孩子在同一个区域游戏呢？"

另一位教师回答："利昂一直尝试围着建筑物挖出一条'水渠'，他着迷于这个活动已经有一个星期了。当其他孩子加入游戏时，他们也想挖沙，这干扰了利昂的挖'水渠'工程！我们想办法让杰玛和其他孩子加入挖沙，并告诉他们不要向利昂的'水渠'里扔沙子。当利昂得知杰玛理解了他的'水渠'的边界，并且不会弄坏他挖的'水渠'时，他可能会接受其他孩子加入游戏。如果利昂不理解，我们可以帮助他理解其他孩子也有权利在这个地方挖沙，同时向他保证其他孩子会尊重他挖'水渠'的想法。"

■ 选择适宜工具进行观察记录

笔记本或带夹子的写字板，是教师撰写观察笔记必不可少的工具。这些工具可以帮助教师记录儿童的兴趣，以便他们在制订计划时进行反思。拍照和录视频也有助于教师记录托班孩子的游戏。照片和视频能捕捉到托班孩子游戏的瞬间，帮助教师回忆和探讨孩子持续的探究行为。教师可以把记录工具，如数码相机、带夹子的写字板、笔记本和书写工具放在便于携带的篮子里。篮子可以被放在室内外任意一个固定的位置，方便教师取用。

注意来自托班孩子的问题

- "当我把容器里的东西都倒出来时会发生什么？"
- "我怎么玩这个东西？我可以在玩水桌上玩它吗？"
- "为什么当我拿卡洛斯的玩具时，他会号啕大哭？"
- "我的家人会来接我吗？"

反思：汇总所有的观察记录

教师在观察后要反思和解读孩子的问题，以下是托班教师分享的一个反思案例。

教室里的故事

教师的合作

我很有幸地与特蕾西、安娜和帕蒂在加利福尼亚州谢尔曼奥克斯一起工作。我们有着不同的文化、教育和哲学背景。当时，特蕾西刚从大学毕业，初涉早期教育领域，正准备实践和应用她在学校里学到的理论；帕蒂加入这个项目时，已有在菲律宾教小学生的经验；安娜曾在她的祖国——洪都拉斯共和国，从事早期教育工作多年。我们都致力于实践生成课程。

我们的教育之旅是在一家全日制托育机构中开启的，孩子们一天中待在机构里的时间很长。作为教师，我们在体力和精神上都需要投入很多，但我们仍然下定决心创造一个充满机会的托育机构。我们都认为，建立一个相互信任和尊重的学习环境是至关重要的。

我们还想引进生成课程和用文档记录儿童的学习经历。在与托班孩子一起工作的时间里，我们记录了会议内容、对话和观察结果，并通过我们的反思改进课程。尽管我们聚在一起的时间有限，但我们通过电子邮件交流，在我们能发现的、可利用的任意时间段（在孩子午睡、午休和放学后）进行交流，一起分享我们的反思和计划。

特蕾西："孩子们在扔东西时似乎很喜欢探究因果关系——他们乱扔东西后会大声笑着；在我看来，孩子们似乎想要掌控他们所处的环境——这或许就是他们乱扔东西的原因。"

安娜："是的，我注意到他们把玩具从户外搬到室内，有些材料（比如娃娃）在室内外都可以用，但他们一直想把大玩具卡车搬到室内。我引导他们把卡车搬到户外，并告诉他们那里是玩卡车最好的地方。他们会听我的话把卡车搬到户外，但后来又把卡车搬回室内，他们想了解这样做会发生什么或者我会说些什么。他们肯定是在试探我和环境！"

帕蒂："是的，我也注意到孩子们正在互相了解并成为朋友，与此同时，他们也在了解我们。我相信他们都想知道在托育机构里什么可以做，什么不可以做。他们正在了解人际交往的界限——如果从另一个孩子手中拿走他的玩具，那个孩子就会生气或哭泣。孩子们在尝试用他们的语言来表达自己想要和需要的东西，这非常好。"

特蕾西："我确实注意到，当家长把孩子送到托育机构时，孩子和父母正在建立一种信任关系。我觉得孩子们和我们的关系在发展，他们与家人告别时已经不太难过了。他们会来找我们寻求支持！我觉得我真的开始了解他们了。孩子们让我们给他们的家人写信，而且他们会在自

第三章 生成课程的来源
——对孩子的观察

己需要安慰的时候坐在我们身边,这真是太好了。"

通过这次会议,教师们依据自己的观察开始反思托班孩子的问题。从反思性对话中,她们发现托班孩子正在学习如何与人建立关系。教师分享了她们的观察——想要一起玩耍的孩子尝试通过拿走对方的玩具加入游戏。教师意识到这类行为是托班孩子试图与人交往的表现,这些认识支持教师进行相关讨论,为托班孩子的社会性发展提供支持性策略。通过已有的知识和观察工具,教师更好地理解了孩子的游戏。

接下来,教师们制订了一个计划来回应她们所观察到的托班孩子的探究行为。

特蕾西:"我们有哪些材料是可以让孩子乱扔的?我们有用于开展沙箱和感官桌游戏的不同类型的容器吗?提供不同大小的碗和杯子怎么样?"

安娜:"安排一日活动时,我想确保自己准备了充足的材料来鼓励孩子们一起互动。我一直在问自己一些问题。材料如何支持孩子们交往?为他们准备的游戏材料充足吗?如果户外只有一辆卡车,孩子们会产生冲突,但如果我们准备三四辆相同的卡车,他们可能就不会争夺卡车——这样可以减少他们的冲突。我想确保我们离孩子们游戏的地方近一些,至少在他们发生冲突时我们可以帮助他们。上周,我感觉自己忙得团团转,因为孩子们在户外使用材料时频繁地发生冲突。如果当时有另外一位教师和我一起待在沙箱旁,那就可以避免一些冲突,我明天一定会向其他教师寻求帮助。"

帕蒂:"我同意。如果你需要的话,我可以待在离沙箱近一些的地方。说到室内,让我们确保地毯区域有足够的火车零件和积木,这样可以减少冲突,孩子们可以更好地游戏。"

安娜:"我还注意到,当家长离开时,很多孩子仍在努力控制情绪,但似乎也在与教师建立关系。我们应该把孩子们从家里带来的书、安慰物（来自家里的物件能帮助儿童感受到自己与家的联系）和关于分离的绘本［例如《你走了》（*You Go Way*）］放在他们旁边。除此之外，我们还可以做些什么来支持他们？"

特蕾西："如果有机会，我会在大门口陪伴孩子跟家长告别，这样我就可以及时帮助他们在家长离开后轻松地融入活动中。"

教师通过不同的材料、活动和激发物来营造环境，以拓展托班孩子的思维，发展他们的兴趣。教师可以在玩水桌上增加不同大小的杯子，邀请孩子们玩装水和倒水的游戏，以拓展他们的想法。例如，孩子们发现小杯子比大杯子更容易被拿在手里，大杯子装的水更多。与之相似，教师可以创设有多种玩具材料的游戏环境，加强与托班孩子的互动，减少不必要的冲突。此外，当教师意识到自己已经融入环境时，他们就会发现自己能更好地为儿童提供支持，并在儿童需要帮助时施以援手。

观察与反思：花园里的故事

当你加强观察技能时，你的"观察肌肉"也会得到锻炼。儿童与材料互动、与他人互动的照片可以帮助教师明确促进儿童发展的思路。一些教师运用笔记和视频来记录儿童的互动，这个过程需要实践和经验。随着时间的推移，教师会逐渐理解托班孩子的兴趣。对教师而言，观察和记录不仅是重要的技能，还能为他们的专业成长提供支持，因为在观察和记录的过程中，教师能更好地理解儿童的发展。

第三章 生成课程的来源
——对孩子的观察

照片为教师理解儿童与材料以及儿童之间的互动提供了视觉线索。照片还向教师展示了儿童的兴趣和问题。请通过审视照片来加强自身的观察技能——你能从孩子们的照片中获得哪些信息,以理解他们的问题或感兴趣的话题呢?

友好社区学校(Friends Community School)有一家全日制的托育机构,该机构在教室内外都设置了探索区,孩子们每天都能接触到玩水桌、大的沙箱以及有机玻璃画架,可供他们探索的材料包括沙子、泥土、水以及其他开放性材料。

经过几天的观察和反思,教师注意到园艺是托班孩子的兴趣所在。教师之所以这样认为,是因为以下三点。

- 孩子们使用材料的方式是一致的,这表明他们拥有相同的兴趣。教师观察到孩子们起初开展的游戏包括挖掘、种植活动,他们把叶子、棍子和其他道具当作植物。
- 孩子们每天探索材料并用语言表达,例如他们会说"种树""浇花"以及"造一棵树"等。教师观察到,有几个孩子一起在花园里给一棵大橄榄树浇水——这是他们在日常游戏中反复出现的活动。
- 孩子们每天都要求玩与园艺相关的材料,即使这些材料并不容易获得。这显示了他们正在萌芽的主动性和对自己感兴趣主题的持续好奇。

在观察之后,教师用他们拍的照片、视频和写的逸事记录来讨论孩子们在探索什么,以及如何在孩子们探究的基础上支持他们的发展。教师们提出的反思性问题如下所示。

- 关于花园,孩子们想了解什么?他们以前在园艺和种植方面的经验是怎样的?

- 我们怎样才能促进他们对园艺进行持续性探究?
- 什么类型的材料能激发孩子们对游戏的兴趣?
- 我们用什么材料来拓展孩子们的问题?

比安卡:"我观察到孩子们在沙池里挖了很多坑,他们在那里种下了一些树根和树叶。他们说着'种''浇水''我的花园'之类的词。我打算进一步拓展他们有关花园的问题。"

纳尔达:"我有一些花盆可以带来供孩子们玩。我们的棚子里也有喷壶。它们有可能会拓展孩子们在园艺方面的知识和问题。"

朱莉萨:"是的,可惜我们现在没有比较松软的泥地。也许我们可以带一个大盆来,在盆里装满泥土。我还可以把在旧货店买的仿真花带过来。"

有许多方法可以将园艺融入环境,这样能激发托班孩子进行思考和探究。上述案例向我们呈现了如何使用不同类型的激发物,鼓励儿童探索园艺概念。教师们创设了有意义且有序的环境,将仿真花和喷壶作为激发托班孩子探究的物品,邀请孩子们进一步探索他们感兴趣的主题——园艺。你还会增添什么材料来拓展孩子们对园艺的思考呢?你会为他们提供什么材料?

儿童运用已有经验一起种植、浇水,形成自己的想法。在这个专门为托班孩子准备的环境中,他们很少有机会接触泥土,沙子、仿真花、喷壶等材料成为激发其持续探究园艺的替代物。

为托班孩子创设发出邀请的环境

- 简化。托班环境中的材料影响游戏的质量。在为托班孩子创设环境时,记住这句能激发并支持他们游戏的格言——"少就是多"。

- 开放性材料。多种可供选择的材料能激发孩子的创造力，建立在儿童发起基础上的活动可以促进他们发展解决问题的能力。
- 自然。使用自然材料，如松果、树叶（确保无毒）、泥土、木片和树皮营造一个自然的环境，以便托班孩子在游戏中发挥他们的想象力改造自然材料。
- 材料再利用。黏土是托育机构中的主要材料之一。教师添加了黏土来拓展托班孩子关于园艺的各种问题。花、香草、树枝和种植用的小陶罐可以增加孩子们的园艺经验。沙桶可以变成花盆，卡车可以变成将泥土运到花园的推车。

教室里的故事

花园种植项目

在另一个托育机构里，教师也观察到了儿童对园艺的兴趣。教师通过反思性实践制订了一个计划——在小院子里建造一个花园。他们向家长委员会寻求帮助，打造了一个种植箱，得到了一些捐赠的植物，然后在现有的场地上挖出了一块地，这样他们就能把种植箱放进去，建造一个小花园。

孩子们和教师一起为花园打造了一个空间，清理了石头和污泥。为了方便种植，他们在种植箱里添加了松软的土壤。大家花了几个星期才完成这个协作项目。自那之后，重复性探究活动就出现了——孩子们每天都要来花园看看。

通过这个探究活动，儿童了解了花的生命周期，更加关心身边环境中的植物。这个项目鼓励托班孩子亲近自然，他们参与种植、翻地和

> 除草等活动。托班孩子与材料的互动，为教师提供了规划课程所需的信息。教师在托班孩子兴趣的基础上增添了各种材料，以此鼓励他们对植物及其生长历程展开更深层次的探究。

观察与反思：娃娃

通过观察，我们可以了解托班孩子的思维是如何发展的，他们在游戏中还有哪些兴趣，以及在探索什么问题。

对托班孩子来说，他们对养育和照顾娃娃充满了好奇。通过观察托班孩子，教师可以知道孩子们对娃娃的感兴趣程度。在这个活动中，教师了解到许多孩子都期待家庭新生儿的到来。教师回应托班孩子不断发展的兴趣，通过在环境中添加材料来支持和拓展他们对养育婴儿的理解，为他们提供丰富的机会，让他们了解不断变化的世界。添置的婴儿毛巾、毯子、娃娃和碗，都在邀请孩子们参与照护活动。给娃娃洗澡则是另一个照护机会。

与此同时，教师观察到，托班孩子在家庭中扮演的角色正在发生变化，通过体验新的角色，他们开始理解自己作为哥哥或姐姐的新身份。

游戏对于托班孩子而言是一种手段，因为它有助于他们理解在这个阶段出现的许多复杂的情感。你还能想到哪些材料来支持托班孩子对"娃娃"这个主题进行探究？

仔细看一看

一眼看过去，这个男孩似乎疲倦地独自坐在那里。然而，靠近他仔细看，教师就会发现，他正在照顾和喂养他的娃娃。当在他身边静下心来观察、倾听后，教师就会发现这个孩子内心的想法和疑问——这些对托班孩子的游戏而言至关重要。

观察与反思：倾倒东西

托班孩子会花很多时间击倒物体、踢翻材料、倒空容器里的东西。有些教师可能认为这是一种令人烦恼的现象或者一个需要解决或阻止的行为问题。但对于托班孩子来说，这提供了丰富的学习机会。教师需要思考的是：他们这样做时在试图理解什么？他们在探索什么？这是否可以作为生成课程的来源？

当孩子们倾倒东西时，他们正在理解重力和因果关系。这种探索使托班孩子对材料拥有一种控制感。教师通过创设环境和回应孩子鼓励他们进行科学探究，这对满足他们的掌控感而言至关重要（此类方法不会压抑托班孩子的好奇心）。在为托班孩子创设环境时，教师可以将他们关于"倾倒"的兴趣纳入活动计划，使"倾倒"成为托班孩子探究活动和课程计划的一个主题。不同大小的容器、可回收的大塑料瓶和小铲子，都能为托班孩子提供探索倾倒的机会。

当为托班孩子提供的材料邀请他们以各种方式进行探索时，他们产生了这样的想法——他们可以验证自己的假设，并让他人加入自己的活动。下面有一个例子，一位教师通过添加塑料排水管、小塑料车和球拓展了托班孩子对"倾倒"的探究。

为了支持孩子们对"倾倒"的兴趣，我为孩子们提供了一个探究机会，通过提供排水管、不同大小的球等材料来促进他们对因果关系的认识，同时引入了力的概念。2岁的迈尔斯对这个想法做出了回应，他把排水管搬到了院子里的另一块地方，把它们靠在树桩上。然后他拿起球、小塑料车和松果，让它们从排水管顶端"滚下"。他用"快""卡住""滚得慢"等词语来描述他的实验。迈尔斯不仅自己着迷于这番操作，还邀请其他孩子加入他的活动。他的热情表明了他对学习的喜爱。

当托班孩子根据自身的兴趣实践自己的想法时，他们学得最好。试着思考迈尔斯的探究故事——该活动是如何变成迈尔斯的自发行为，并自然地引发他的社会互动的？"倾倒"这一最初想法来自孩子们，而教师通过添加材料拓展了孩子们的探究机会。

观察托班孩子与环境的互动，对教师理解他们正在产生的兴趣起着关键作用。生成课程是在儿童的游戏中生发的，当我们放慢速度，真正地观察他们的互动时，我们就可以利用通过观察获取的信息开发有意义的课程。根据托班孩子的兴趣进行研究和计划，有助于我们开展有趣的、有吸引力和支持性的活动。这种合作关系为最好的学习奠定了基础。

探索斜坡对大脑发展的益处

通过添加坡道、纸卷和平纸板等材料，托班孩子可以通过游戏体验力的作用，并在以下方面获得发展。

- 因果关系
- 视觉追踪
- 运动
- 手眼协调
- 科学知识

第四章

生成课程的来源——教师

教师带着丰富的履历、文化背景和经验来到托育机构。生成课程是由托班孩子发起的，然而，教师在计划和设计活动方面也发挥着不可忽视的作用。当教师观察儿童，并在其兴趣基础上进行计划时，他们可以在计划中融入自己的知识和经验。在瑞吉欧教育理念中，教师被视为课程的"计划者"和"组织者"，儿童是课程的共同创造者，他们的想法和探究是教师计划的焦点（Wurm，2005）。

生成课程能为儿童提供多样化的体验。当教师意识到自己对生成课程的影响时，他们对文化、节假日和其他经历就有了新思考和新态度。家庭和学校一起为托班孩子的多元思维打下坚实基础，支持师幼关系的发展。

在实施生成课程时，教师可以示范不同的技能或介绍某些工具的使用方法。例如，对许多托班孩子来说，他们需要学习使用画笔的新技能，因为他们通常是在机构里第一次接触绘画。他们还需要学习其他工具（如书写工具和玩黏土的工具）的使用方法。此外，教师在兴奋地介绍自己感兴趣的东西时，向孩子们传达了这样一个观念：热情是学习的重要组成部分。当教师对课程的参与以发展适宜性的方式进行时，孩子们就能与课程产生联系，每个人在学习中就拥有了发言权（Stacey，2009）。以下是一些来自教师的课程资源。

- 教师的兴趣

- 教师的才能、热情和爱好
- 教师的文化习俗、价值观
- 教师不同的自我表达技能和媒介

展现家庭的多样性

托班孩子开始认识到自己和他人的异同。为了建立这种意识，培养他们多样化的思维，教师可以密切关注环境和可利用的材料。在为托班孩子设计课程时，应考虑以下几点。

- 材料应体现多样性。娃娃、海报、图片、儿童书籍和戏剧性游戏材料，应适应班级儿童的文化习俗、种族、民族、身体能力以及家庭结构和社会经济的多样性。
- 教室里张贴的儿童照片应当反映班级成员多样的文化背景。
- 制作家庭图册。家庭图册是包含儿童家庭照片的图册，可用于展示每个家庭的独特性和相似之处。家庭图册是尊重儿童家庭多样性的有力工具。

将教师的想法融入课程

教师可能拥有许多想法，在他们看来，这些想法或许对儿童的学习很重要。教师如何确定什么课程对托班孩子而言具有发展适宜性呢？他们怎样为托班孩子挑选合适的课程呢？当你想把自己的想法融入生成课程时，可以参照以下指南做出决定。

■ 检查你的想法是否与托班孩子相关

- 这个活动与孩子们现在的生活有联系吗?
- 孩子们对这个话题感兴趣吗?
- 教师的观点是否与孩子相关?
- 这个话题能否让他们以真实的方式产生共鸣(参见"教室里的故事:南加州的雪人")?

■ 确定你的想法是否适合托班孩子

- **活动是否有利于托班孩子的学习?是否符合他们的发展水平?** 阿朗德拉是一家托育机构的教师,他对鲸鱼非常感兴趣。在第一次尝试向托班孩子分享自己的兴趣时,他带来一本关于鲸鱼的书,与孩子们一起阅读。由于许多托班孩子的注意力持续时间较短,他们总是很难继续听下去,一些孩子在座位上不停地扭来扭去。阿朗德拉开始意识到他选的故事太长,不适合托班孩子,尤其不适合在圆圈时间让他们围坐在一起听。次日,在思考完如何用其他方法介绍鲸鱼后,阿朗德拉带来了有大幅鲸鱼照片的图书,并把它们放在了阅读区,孩子们既可以自己看,也可以与同伴一起看,还能与教师一起看。这种方法尊重了托班孩子的发展特点,为每个人的成功奠定了基础。
- **供托班孩子探索的材料安全吗?** 例如,教师感兴趣的串珠活动所用到的针(即使是大针),对爱冲动的2岁孩子来说,可能并不合适——这不但不适合他们的发展,而且不安全。教师可以向他们介绍系鞋带、缝纫和串珠的适宜方法。大孔串珠、有木框的缝纫板、绒制的毛根和粗电线是适合托班孩子操作的,有助于他们发展手眼协调能力和灵活性。

- **在教师计划的活动中，托班孩子可以有自己的想法吗？** 托班孩子会以不同于成人计划的方式探究材料，探索他们世界中的事物的运作方式。例如，我最近观察到一位教师向托班孩子介绍黏土，他想向孩子们介绍玩黏土的一些基本技巧，比如，把黏土揉成球，添加一些水来让黏土保持柔软。然而，托班孩子更感兴趣的是挤压黏土并向黏土中加入大量的水，他们着迷于用手把黏土和水充分地混合在一起。玩黏土成了孩子们混合液体和固体的感官体验、科学探索。教师虽然一开始有点沮丧，但经过反思后，逐渐意识到这个发展阶段的孩子可能对玩黏土的技巧并不感兴趣——他们非常兴奋地进行科学探究，以适合他们自己的发展方式学习。

你的想法是否体现了文化适宜性、接纳多样性？

托班孩子从他们所处的社区中了解人的多样性和差异性。我们必须记住，每个人的文化背景、宗教信仰和家庭习俗是不同的，每个人都有不同的价值体系。教师可以在与托班孩子的日常互动中，一起学习如何尊重这些差异——人们以不同的方式吃饭、工作、睡觉和娱乐。当教师理解环境、行为和语言对托班孩子的心智发育产生的影响时，他们就有潜力创设尊重人类多样性的学习环境。这为培养儿童积极的自我认知以及对自己和他人的积极态度奠定了基础。另外，这有助于托班孩子在认同自己家庭文化的同时理解文化差异性。

当出现一个想法或尝试开启一项活动时，教师应该先问问自己想向孩子展示什么。对文化的回应意味着教师要不断思考他们所服务的儿童的文化，发现并认可儿童家庭的实践方法。教师可以在制订计划时问自己——我是否考虑了儿童的文化背景？当教师想在课程中融入自己的想法时，以下建议有助于他们创建一个具有文化回应性的课程。

- **教师的想法使儿童感到自己与家庭文化有联系，还是脱节？** 要想开展具有文化回应性的课程，教师需要花时间了解每个托班孩子家庭的文化，并且在课程中支持他们的文化认同，这样才能表达对托班孩子及其家庭的尊重（York，2003）。作为教师，我们的工作是支持儿童理解和接纳人与人之间的相似性和差异性——即使是托班孩子也能理解人们的生活方式（如庆祝、吃饭、睡觉和与家人共度时光等）是不同的。

- **在融入自己想法的同时尊重其他价值体系。** 在介绍一项体现你自己的价值体系的活动时，要保持警觉和尊重。例如，在引入一个庆祝节日的活动时，要确保你使用的语言是包容的，尊重所有参加活动的孩子。重要的是要让孩子们明白，有些人会庆祝各种各样的传统节日，而有些人根本不庆祝节日。

- **在为托班孩子挑选儿童读物时，要特别留意书中的刻板印象。** 要想开展具有文化回应性的课程，教师需要花时间了解每个家庭的文化，并且在课程中支持他们的文化认同，这样才能表达对托班孩子及其家庭的尊重（Derman-Sparks，2013）。

- **所有人都会有偏见，教师应努力意识到自己的偏见。** 这些偏见来自我们的生活经历，这些经历有好有坏，塑造了我们看待他人的方式。偏见成为对他人快速做出社会判断的一种捷径。如果不加以讨论或辨别，隐性偏见就会在潜意识层面影响教师。教师对自己偏见的认知越清晰，就越能找到克服偏见的方法，由此，教师与他人互动的质量将得到提高，并在与儿童一起工作时做出更好的决定（Derman-Sparks & Olsen-Edwards，2010）。

隐 性 偏 见

善良的父母陪伴我长大,他们教育我:无论肤色如何,每个人都是一样的。因此我被引导相信所有人都是一样的,每一种种族或民族,都应该受到同样的对待。这就是我父母教我的理解和消除种族主义的方式——如果你对每个人都一视同仁,就会人人平等。然而,在后来的生活中,我通过自己的经历了解到现实并非如此简单。隐性偏见,在无意识层面上影响我们的刻板印象和态度,影响我们对待儿童的行为。让我们来看看一些关于教师的研究,以及隐性偏见是如何影响他们工作的。统计结果表明:在挑战性行为出现时,许多早期教育工作者倾向于关注黑人儿童,尤其是黑人男孩。教师对黑人儿童不良行为严重程度的评估会表现出隐性偏见的迹象(NAEYC,2016)。换句话说,隐性偏见对有色人种儿童的影响,从他们进入托育机构就开始了。

毫无疑问,偏见会影响教师的教学实践,对托班孩子而言也是如此。2岁的孩子已经开始形成自己的偏见,这些偏见大多来自他们的环境(Derman-Sparks & Olsen-Edwards,2010)。教师如何观察和倾听托班孩子,并意识到自己的隐性偏见呢?路易斯·德曼-斯帕克斯(Louise Derman-Sparks)和朱莉·奥尔森-爱德华兹(Julie Olsen-Edwards)在《为了儿童和我们自己的反偏见教育》(*Anti-Bias Education for Young Children and Ourselves*)中提出了一些建议。

- 花点时间反思一下自己的偏见。这是一个需要个人付出很多努力的过程,然而,在教育孩子时,这是很重要的工作。从自我反省开始,试着想一想你的一些偏见是在哪里形成的。我们的许多偏见来自显性或隐性的信息,这些信息通过媒体、制度和不准确的

第四章 生成课程的来源
——教师

历史记录融入我们的社会。当我们思索自己的偏见并了解它们的来源时，我们就能意识到它们形成的过程，反思我们为什么会产生偏见，抵御它们对我们的影响。

- **理解托班孩子。** 通过了解托班孩子的生活，教师可以形成和加深对他们的理解。这是一种建立同理心的有效方式。我们对机构中的托班孩子及其家人的情况（如他们的生活方式、文化背景和价值观等）了解得越多，就越能做出满足他们需求的回应。
- **与教学团队成员交流。** 一般来说，讨论偏见和其他社会问题，靠一个人是无法完成的。这是一项艰难且重要的工作，需要教师共同体一起分享和交流克服个人偏见的经历（请找到和你一样想研究隐性和显性偏见的教师）。反偏见教育是支持儿童认识自己和他人的过程，可以通过书籍、文章和训练逐步实现。

我是一名教师，我认为我的文化背景融入了我的教室，并以某种方式呈现了出来。作为来自亚美尼亚的早期教育工作者和少数族裔中的一员，我为家乡的文化遗产感到自豪，我没有急于向同事、学生分享这些东西，它们都是自然出现的。当我发现有合适的机会和天然的时机时，我就会把自己的文化背景融入工作。例如，在玩数数游戏或者用不同的语言打招呼时，我就会加入亚美尼亚语的表达方式。当我和孩子们一起吃午餐时，他们注意到我的饭盒里有"dolma"（一种用葡萄叶包裹的亚美尼亚米饭），我就会向他们解释这是什么，它是怎么做的，以及我为什么喜欢吃它。当孩子们分享自己最喜欢的玩具时，我可能会跟他们分享我小时候喜欢玩的俄罗斯套娃。我不会把我的文化背景作为一个探究主题带进课堂或教育孩子们,这是他们在了解我的过程中发现的东西。我想让孩子、同事和家长把我的文化背景看作我的一部分,因为他们知道我既是老师、伙伴,也是社区中的一员。

——马德兰·萨尔基西安,早期教育工作者

■ 质疑你的想法

当教师把自己的想法作为课程的来源时,要反思自己引入主题的过程——你所介绍的想法是为了直接教导托班孩子吗?你的想法是否能为孩子们在游戏中的探索提供支持?它与孩子们以及他们生活的社区有联系吗?它促使孩子们与学习建立联系还是与学习脱节?比较下面两则故事,并问问自己上述的问题。

教室里的故事

南加州的雪人

在南加州的一家托育机构里,教师们在制订下一周的计划,并讨论自己感兴趣的话题。其中一位名叫玛丽萨的教师提议道:"我有个主意。我们为什么不向这些孩子介绍雪呢?我们可以从商店里买一些像雪一样的材料,在纸上涂白色颜料,让孩子们用橡皮泥堆雪人。"科琳热情地附和道:"是的,我们还可以制作刨冰。我小时候就喜欢玩雪。"

另一位教师迭戈做出了回应:"我理解雪给你们带来了愉快的回忆。然而,南加州在90%的时间都是暖和的。我不知道雪的主题是否与这些孩子有关。"

科琳回答道:"为什么我们不能给他们那种体验呢?他们会喜欢的,而且会玩得很开心。我们还可以向他们介绍美国其他地区的天气情况。"

"我知道你现在很想介绍雪,"迭戈回应说,"但2岁的孩子会专注于当下环境中的事物。如果我们介绍一些与他们的经验无关的东西,真的能为他们创造有意义的体验吗?他们真的能以一种真实的方式理解这些东西吗?这个经验与他们现在所处的环境有关吗?"经过一段时间的思考,科琳回答说:"我可能确实没有考虑到现在温暖的天气。"她笑了:"我想我自己关于天气的记忆和经历或许与这些孩子的记忆和经历有很大的不同,对这些年幼的孩子(尤其是托班孩子)而言,雪和他们的生活不相关,而且不是真实存在的。"

在这次教师会议上,玛丽萨和科琳都为课程贡献了自己的想法,奉献了一腔热忱。迭戈带着尊重的态度质疑了她们的兴趣——他觉得在南加州把雪纳入课程是没有意义的。他提醒了大家,当课程的重点与当下环境无关或与儿童无关时,这种学习活动与儿童的经历就没有相关性,可能会使他们脱离学习的轨道。

教室里的故事

水从哪里来?

我在南加州的一家全日制托育机构中的经历让我看到了有限的降雨和持续的干旱对环境的影响。在我看来,让托班孩子了解节约用水的重要性非常重要。玩水是托班孩子在户外开展的感官探索游戏,可以让孩子和教师保持凉爽。然而,让我感到不安的是,这些孩子不断地把水倒在沙子里,尽管我知道他们在探索因果关系,但我还是决定让他们意

> 识到节约用水的重要性。我提议道:"当我们想倒水的时候,我们就用雨水槽把水引到院子里的大松树那里,这样我们就能照顾好我们的树,让它很好地生长。"
>
> 不到3岁的费利克斯回应说:"我们可以在商店里买水呀。"为了帮助费利克斯理解水资源保护,我简要地解释了南加州的天气情况——天空中云很少,由此产生的雨水也很少。商店里的水是从降水量更多的地区运来的。在明白节约用水的意义后,费利克斯和他的伙伴开始用雨水槽把水从小游泳池和感官桌上转运到院子里的树下,在教师的帮助下,他们建造了自己的"水渠"。这些行动为他们的科学探究提供了机会,也让他们对自己所处的环境有了更深入的了解。
>
> 通过这次经历,我把可持续发展的价值观融入了课程,拓展了托班孩子的认识,并介绍了节约用水的重要性。孩子们接受了这个想法,因为他们仍然有机会玩水,养护树木,这培养了他们的责任感和成就感。

■ 思考你在儿童探究中的角色

在《小游戏大学问》①(*The Play's the Thing*)一书中,作者伊丽莎白·琼斯和格蕾琴·雷诺兹(Gretchen Reynolds)提到了教师与儿童在一起时的不同角色。其中一个角色被描述为"舞台监督者"(stage manager)(Elizabeth & Jones, 2011)。在这个角色中,教师负责创设环境和邀请儿童加入其中。儿童在没有直接指导的情况下发现探索的主题或活动。教师的想法是鼓励儿童探索烹饪,他们放置了儿童在家里能找到的材料,这激发了儿童持续混合配料和制作"冰激凌"的兴趣。

---

① 该书中文版已由南京师范大学出版社于2006年6月出版。——译者注

知识的共同建构者：教师

生成课程是教师与孩子共同建构的，师生之间有许多可以分享的共同经验和兴趣。托班孩子需要足够的空间、时间和材料来理解他们的世界。当教师向托班孩子提供活动机会并邀请他们继续探究时，教师便拓展了孩子们的兴趣，并为他们的深入理解创造了机会，教师投放材料的方式应当能鼓励孩子的探究和自由探索。

教室里的故事

烹饪活动

安娜是全日制托育机构中的一名经验丰富的教师，她对准备和烹饪食物充满热情。她一直在观察孩子们在沙箱里玩时准备的各类"菜肴"。她意识到烹饪与孩子们的个人经历密切相关。安娜以孩子们之前创造的不同食谱为基础，开始计划适合这个年龄段孩子的烹饪活动。第一次介绍烹饪活动时，安娜从水果沙拉开始。对于托班孩子而言，洗水果和切水果是基本的、可以胜任的事情，有助于他们感受到自己的能力。

孩子们对烹饪的热情很高，对准备食物表现出了浓厚的兴趣。这些经历为教学团队计划下一周的拓展活动提供了信息。

安娜观察到孩子们对香蕉的喜爱。后来她以孩子们的兴趣为基础，介绍了一种简单的香蕉面包食谱。因为安娜是与托班孩子一起工作的，所以她知道在活动开始之前要准备和计划好食材，比如预先把适量的食材装进不同的碗里——这使她能控制和防止孩子们随意倾倒食材。

与托班孩子一起烹饪的要点

- 简单。从基本的食谱开始,邀请托班孩子搅拌、切、倒。使用安全的儿童工具,如小塑料刀。
- 活动的设置要便于孩子获得配料和工具。准备好所有可用的工具和配料,让每个人都为成功做好准备。在不同的容器中预先装好适量的配料,准备好勺子、杯子、碗和毛巾(防止容器中的液体洒出来),帮助孩子感到自己是有能力的、可控制局面的。
- 拓展孩子的烹饪经验。当你观察到孩子的兴趣和能力不断发展时,你可以拓展他们的技能。在他们掌握了基本技能之后,你可以协助他们使用配料和步骤简单的食谱。
- 准备应对孩子的自发行为和冲动行为。托班孩子的大脑天生就会对周围的一切进行尝试(如品尝、倾注),他们一般调用大肌肉群来添加配料、搅拌或捣碎食物。把食材倒在地上而不是碗里,舔搅拌勺,或者冲动地把手伸进碗里并尝一口食物——这些都是孩子们常见的行为。

处理计划冲突

有时,教师们对于向托班孩子介绍哪些话题和方法会有不同的想法。在下面的故事中,托育机构里的几位教师对乐器和音乐有浓厚的兴趣,但由于他们各自的经验和价值观不同,他们对如何把乐器引入课程的想法也有所不同,请看他们是如何处理冲突的。

第四章 生成课程的来源
——教师

教室里的故事

什么对托班孩子而言最好？

法比安是一名托班教师，主要照护 2 岁的孩子。她热衷于向孩子们分享音乐。虽然歌曲和手指谣已经是课程中不可缺少的一部分，但法比安希望通过介绍不同的乐器和不同语言的歌曲来拓展托班孩子的音乐知识。在法比安的指导下，孩子们反响热烈。

经过几周的歌曲演唱，教师们准备在音乐活动时间介绍一些乐器，让孩子们开始熟悉它们，并以适当的方式使用它们。然而，几位教师在讨论时出现了意见分歧——他们对如何向托班孩子介绍乐器有不同的想法。

法比安："孩子们对摆弄这些乐器真的很兴奋。最初孩子们有些不知所措，我认为我们应该给他们时间来熟悉这些乐器，并向他们介绍一些基本的演奏方法。"

卡拉："是的，我同意。不过在我看来，可以让他们以自己的方式探索乐器，我们没有必要进行指导。"

奥兰多："我不认为他们已经准备好演奏乐器了。他们会把乐器放进嘴里或扔进沙箱里玩。他们才 2 岁！"

法比安："我知道他们还是蹒跚学步的孩子，还在探索一切事物。但我相信他们可以在我们的指导下以适当的方式探索这些乐器。我相信他们有能力，如果我们有合理的期望，那么他们就能将乐器作为表达工具。创设一个我们可以在场的区域，让孩子们在我们的指导下使用乐器，怎么样？"

卡拉："也许我们可以给孩子们提供一个自制乐器的活动机会。这样他们就可以对乐器拥有一定的所有权，并以不同于使用真实乐器的方式来探索自己的乐器。"

奥兰多："是的。如果他们决定把自制的乐器扔进沙箱，那么他们可能会了解沙子和水对不同材料的影响。"

卡拉："我会和2岁的孩子一起探索自制乐器。我会在下周的课程中介绍这些内容。"

教师们思考如何在课程中融入乐器时，可以放心地表达他们对课程的想法、观点和担忧。正如这些教师在表达他们的担忧时所说的那样，冒险是生成课程的重要元素。许多不同的观点是在反思中生成的，对于教师的专业成长来说，反思这一过程是不可或缺的。

第五章

生成课程的来源——发展任务

在每个发展阶段,儿童都有具体的生长和发展任务——走路、说话、社交或自我调节。托班孩子的发展里程碑与3—5岁幼儿的发展里程碑有很大的差异。对托班教师而言,明确儿童在不同阶段的发展里程碑,有助于他们把关于托班孩子的知识和经验运用到观察、反思和计划中,这样他们可以更加专注于托班孩子在每个阶段的发展任务。

自主性、力量和学会与他人相处是支持托班孩子发展的巨大推力。通过课程,他们有机会在教师的支持下掌握相关技能。在本章中,我们将了解托班孩子在不同领域的发展任务。

发展任务:自主性

从18个月到3岁,托班孩子逐渐意识到他们与父母和照护者是不同的个体,在一股自主力量的驱使下,他们坚持自己的主张,表达自己的好恶,独自行动。他们发展语言能力,以表达自己的想法、愿望和需求。但是,他们还不理解逻辑,无法忍受等待,也无法控制自我(Gerber & Johnson, 1998)。正因如此,他们仿佛每时每刻都在争取权力。成人通常认为这是一种不恰当的行为。但从发展的角度来看,这是托班孩子学会坚持自己并发展主动性的过程。他们对成人想法的抗拒实际上是在表达"我有自己的想法！""我想尝试自己做这件事！""我是我自己，我需要一些我能掌控的时刻！"。

托班教师通常是在达成课程目标之后，才对孩子的自主需求进行回应。我们经常可以听见教师这样说："他在发脾气，我要告诉他的父母！""他总是跑开，不听我讲的内容，所以我要把他送到主管的办公室！"当教师对托班孩子的自主性有了更深刻的理解时，他们可以为托班孩子计划探索自我决策和权力的机会。与此同时，托班孩子的自我调节能力会得到提高，他们将更少地参与权力之争。

教室里的故事

开门和关门

2岁的库珀对"开""关"很感兴趣，他会开和关橱柜门、大门、垃圾桶盖，以及任何他可以操作和探究的东西。库珀与门的互动，让教师深入地了解了他关于环境的问题：门的结构是怎样的？有多少扇门是开着的？门后面是什么？虽然对于托班孩子而言，这种出于好奇心的探索是较为典型的，但一些吸引库珀的东西是不安全的，而且这些东西往往不能从环境中移除。垃圾桶是库珀反复探索的东西之一，教师们觉得那里不卫生。在开会讨论策略后，教师们对库珀的好奇心进行了反思：他在探究什么呢？他们怎样才能在库珀对开、关好奇的基础上拓展他的探究呢？经过团队的讨论和头脑风暴，他们决定给库珀提供一些他可以打开和关上的材料，如一堆纸箱。库珀对这些替代物非常满意，他花了很长时间用沙子填满纸箱。不久之后，库珀邀请了另一个孩子加入他的活动。

这时，开和关的概念及自主性发展，成为生成课程的核心。库珀

> 的老师们没有让自己卷入一场权力之争，而是将库珀引导到适合他研究的材料上，通过生成课程来支持他的发展。该课程不但能促进库珀情绪调节能力的发展，也能促进其社会性的发展。要想培养托班孩子的自制力，他们必须有练习做决定的机会，这会有助于消除过度的权力之争，促进他们形成独立意识。打开和关上纸箱有助于库珀发展对因果关系的认识。

支持托班孩子发展自主性的方法

- **提供选择的机会。** 当托班孩子对关乎自己的决定有一定的控制权时，他们就不会在自己不能控制的事情上坚守自主权。在日程安排中尽可能多地给孩子们安排自由游戏时间，给予他们探究环境和练习决策的机会。
- **认可和识别托班孩子的感受。** 托班孩子已经体验了一系列情绪，他们正在学习如何调节这些情绪。教师可以通过给托班孩子的感受命名，帮助他们驾驭自己的情绪。这有助于托班孩子发展自我意识和情绪能力。当教师说"看起来你因没有铲子用而感到失望，如果你愿意，我们可以请埃洛伊萨在用完铲子后把铲子拿给你"时，教师认可了孩子的感受，确认了他的经历，并促进了其情绪能力的发展。
- **创造机会让托班孩子完成不同的任务。** 让托班孩子有机会收拾自己的东西，（在成人的支持下）自己吃点心，自己穿衣服，这些都能让他们获得经验，培养他们的自主意识。

发展任务：分离

在托班孩子的发展历程中，克服分离焦虑是一项重要的情感发展任务。当托班孩子的家人把他们留在一个陌生的地方，让他们和刚刚认识的成人待在一起时，诸如困惑、悲伤和失落等感受会涌上他们的心头。托班孩子还不具备抽象思维，因此，无论从成人那里得到多少安慰，他们都无法明白家人最终会回来接他们。当托班孩子尝试与教师和同龄人建立关系时，他们会产生强烈的焦虑。托班孩子常常想知道："我的家人回来了吗？""谁来照顾我？""我能相信你吗？""我在这里安全吗？"

在高质量的托育机构中，托班孩子与教师之间建立的信任关系，能支持他们度过分离焦虑期。当托班孩子与他们的教师和环境建立了良好关系时，他们就会发展对终身学习至关重要的情绪能力和社交技能。托班教师要明白，分离是一个非常个性化的过程，每个孩子都有与家人分开后保持联系的方式。如果教师通过语言（比如"你会没事的"或"别哭了"），或者使用分散注意力的方法（比如"给你个玩具玩，这样你会感觉好一些"），来减少孩子们的分离焦虑，那么他们实际上就忽视了孩子们的感受，不能完成建立信任的任务。当教师认识到分离是托班孩子的一项重要发展任务时，他们可以将课程作为一种有效的工具，为孩子们提供安全感，保护其脆弱的情感。

在生成课程中，教师通过制定和实施相关的策略来支持良好信任关系的建立，度过分离焦虑期是课程的组成部分。在实施生成课程时，教师可以集思广益，采用各种方法，例如认可孩子的感受、支持他们与家人保持联系。以下是一些想法和策略，可以帮助托班孩子度过与家人分离、与教师建立信任的关键阶段。

第五章 生成课程的来源
——发展任务

■ 制订一个计划

教师与孩子和家长一起设计"一套程序",有助于年幼的孩子预测未来的情况。教师需要与每个人沟通分离计划,以便有一个一致的程序。这可以缓解所有相关人员的分离压力。一日生活中的过渡环节也会引发孩子的情绪反应,教师就可以使用温柔体贴的语言来安慰孩子,并为过渡时间中可能出现的情况制订应对计划。

■ 谨记,托班孩子的抽象思维仍在发展中

托班孩子还不具备抽象思维,也就是说,托班孩子还不能理解他们的家人会回来接他们。当我和教师们谈论分离话题时,我总是让他们花点时间想象一下,作为一个成人,分离是什么感觉。我让教师们把自己置于这样一个处境——"你不知道你的家人是否会回来接你",并想象那是什么感觉。许多教师回答:"恐惧""担心""害怕""极度恐慌""就像我无法控制自己的生活一样"。这能有效提示教师——孩子们正在面临分离情境。在分离期,为了支持托班孩子,教师可以安慰他们,告诉他们"你的家人会回来的,我会在这里支持你"。当孩子们在托育机构里没有家人陪伴时,请给予他们足够的情感空间来表达自己的感受,这十分重要。

■ 如果需要,带上"过渡物"

毛绒动物、毯子和家庭成员的照片可以提醒孩子们——他们与家人是联系在一起的。有多少成人在他们的工作单位放置了家人的照片?与成人一样,当家人不在场时,孩子们也会有同样的感受,相关实物的存在会让他们想起自己的家人,使他们感到安心。

家庭图册和家庭展板

孩子们的家庭生活在他们的学校生活中起重要作用。家庭图册和相册（例如家庭生活照）能联结家庭和学校，使托班孩子意识到即使家人不在他们的视线中，他们也仍然与家人联系在一起。文字说明可以帮助教师明确孩子们的家庭成员，增强教师和孩子的联系，帮助孩子建立对教师的信任。托班孩子可以互相分享他们的家庭图册，并就此展开讨论。这些图册呈现了不同的家庭文化背景和家庭结构，是发展多种关系和支持孩子理解家庭多样性的重要工具。

另一种支持托班孩子与家人维持联系的方法是，把家庭照片贴在一个大展板上，并将展板固定在一个方便孩子观赏和与之互动的地方。将布告栏或大相框作为底板，在照片的背面贴上魔术贴，或者用衣夹、胶带把它们固定在底板上。如果可能的话，对照片进行塑封，这样可以更好地保护它们——托班孩子经常把照片从展板上拿下来，并带着它们四处走动。

给家人写信

教师可以通过托班孩子的口述，帮助他们写家信，支持他们度过分离阶段。当家人离开时，托班孩子可能会产生巨大的失落感，当他们有机会以具体的方式（比如写信）表达自己的情绪时，他们就会知道书写是一种表达情感的有效形式。下面的例子说明了写信如何成为托班孩子克服分离焦虑的必需品和课程的重要组成部分。

> **教室里的故事**
>
> 写便条和写信
>
> 加利福尼亚州伯班克市的一个早期教育中心为2—5岁儿童提供全日制课程。其中，托班孩子每天要在中心待很长的时间，"分离"自然

第五章　生成课程的来源
——发展任务

就成了前期课程的焦点。教师采用了许多方法来安抚孩子，帮助他们度过这段情绪波动的时间。家庭图册、毛绒玩具、毯子和其他过渡物给孩子们带来了安慰。有一天，一个叫达什的孩子伤心欲绝，所有缓解分离焦虑的方法都没能给他带来任何安慰。为了下次能帮助到达什，马德兰老师建议教学团队帮助达什写一封信来减轻他与家人分离的痛苦。于是教师们在日常的游戏材料中添置了纸、铅笔和书写板。第二天，马德兰把这个方法——通过书写分享感受——告诉了达什，这对达什来说很有趣。马德兰开始问达什想对他的家人说些什么，达什把自己想说的话告诉了马德兰，马德兰把这些话记在了一张纸上。当达什看到自己想说的话被写在纸上后，他觉得自己的想法被听见了，也就停止了哭泣。

达什继续通过给家人写信来表达自己的感受，这成了达什的习惯，尤其是在一些特定的日子里（当家人离开，他有很多情绪要释放时），达什会在纸上抒发情绪，在表达完感受后，他就会跑出去玩，肆意探索。

在这一年里，教师们把写信作为课程的一部分，持续为托班孩子记录所思所想。自年初采用这个方法后，教师们观察到托班孩子想写字、独立使用不同工具的欲望变强了。几个月来，孩子们被书写活动所吸引，教师们通过添加各种铅笔、蜡笔和纸，以及开拓新的书写空间，来拓展孩子们的兴趣。托班孩子对书写的兴趣是真实的、符合其年龄特点且有意义的。这也为教师们提供了了解托班孩子读写发展兴趣的机会。

- 写信和写便条如何缓解孩子在分离期的情绪？
- 写信、做笔记和其他书写活动如何支持托班孩子进行其他日常互动？
- 当托班孩子想自己"写"或做"标记"时，我们如何支持他们？

- 托班孩子开始在一起写字,好像在模仿教师。我们可以如何促进这些互动?

教师们的这些问题成为计划的核心部分。为了回应这些问题,教师们在整个环境中设置了不同的区域来鼓励书写,在好几个地方都放了写字板和铅笔,还把纸和笔放在容器里,这些都在邀请托班孩子尝试书写。此外,他们安排了一名教师在不同的区域为孩子们提供支持。如果教师不能全程陪伴在孩子们身边,那么他们就会设置鼓励孩子独立书写的书写区。

发展任务:社会化

社会化的过程从一个人出生时就开始了,并贯穿其一生。童年时期健康的、具有支持性的社会经历,有助于儿童形成强大的人际交往能力,这对他们处理人际关系的方式构成终身影响。托班孩子的大脑发育迅速(Jensen,2000),他们所处的早期环境会影响其未来处理人际关系的模式。教师在儿童社会化这一发展任务中起着举足轻重的作用。生成课程使教师有机会创设支持儿童积极互动的回应性环境。托班孩子的社会化发展任务与情感发展任务相联结,涉及自我调节和自主性发展。

正如教师所理解的那样,在托育机构中社会领域的学习通常是活跃的,托班孩子在此期间学习如何相处的艺术。他们仍然在发展调节自己情绪的方法,并经常用身体表达自己的感受。他们不擅长使用语言表达感受,在沮丧

第五章 生成课程的来源
——发展任务

时甚至会攻击他人。教师可以利用课程来帮助托班孩子积累情感词语，培养自我控制能力，并通过这些自我调节时刻来提高托班孩子换位思考的能力。

教室里的故事

我怎样才能在这里玩呢？

在加利福尼亚州伯班克市的一个早期教育中心，一个名叫艾丽的孩子非常喜欢与约瑟夫一起玩橡皮泥，在上午的早些时候，约瑟夫一直在揉搓和挤压泥团。艾丽不擅长社交，仍然在发展加入游戏的技能。当她来到橡皮泥桌时，她不是拿约瑟夫的橡皮泥，就是用手打他的背。当教师试图阻止艾丽做这些事情，并问她为什么拿约瑟夫的橡皮泥或打约瑟夫时，艾丽似乎对教师的提问感到十分困惑。经过一番短暂的反思后，教师对艾丽说："当你拿走约瑟夫的橡皮泥和打他时，他会感到伤心。打他会伤害他的身体。你是想对约瑟夫说些什么吗？你想和他一起玩吗？"艾丽点头表示"是的"。教师回应说："艾丽，如果你想和约瑟夫一起玩，你可以说'我想坐在这里玩橡皮泥'或'你想和我一起玩吗，约瑟夫？'。"之后，艾丽看着约瑟夫说："我想玩。"教师在一旁通过复述与解释艾丽的话和意图来支持他们互动："艾丽想玩橡皮泥，约瑟夫，她想加入你的游戏。"

通过这次互动，教师们了解到艾丽想和约瑟夫一起玩橡皮泥，但她的社会性发展水平还不能支持她以积极主动的方式接近约瑟夫，这种互动为教师提供了有价值的信息，使教师能通过示范如何使用亲社会语言来支持艾丽的社会性发展。教师说的"看起来你想和约瑟夫一起玩"和"你可以说，我想玩"，示范了适宜的社交暗示，而诸如"不许打他，艾丽！那样你们就无法成为好朋友！"之类的话不会给艾丽提供任何有用的社交信息。如果用让艾丽羞愧的方式来阻止她的这种行为，那么可能会对她未来的社交产生负面影响。艾丽正在学习如何与人相处。通过成人礼貌而坚定的指导，她将学会如何以积极的方式参与社交游戏。

教师使用反思性计划来完善课程，他们提出了要研究的问题，这些问题重点关注儿童的社会性发展，以及教师如何通过环境和师幼互动来培养儿童的亲社会能力。

- 我们如何支持孩子在不使用肢体攻击的前提下找到加入游戏的方法？
- 我们可以通过什么方式来创设环境，支持正在学习与他人一起游戏的孩子？材料是否需要重新投放？
- 我们可以做些什么来支持托班孩子的积极互动与协作？

经过反思之后，教师们聚在一起制定了一些策略。

麦德伦："我们放置材料的区域确实需要在我们的视线范围内，一些孩子在游戏中可能会出现肢体冲突，这需要教师及时介入。我想创设两个或者三个区域，并在区域之间留一些空间。这样既能鼓励孩子们互动，又宽敞，不会因为人太多而拥挤不堪。"

比安卡："我同意这一点。但我更希望孩子们能学会靠近彼此——在同一个空间一起游戏。我们有一个大画架，每侧至少允许两个孩子同时坐下画画。当孩子们画画的时候，他们既可以画自己的作品，也可以挨着同伴。"

纳尔达："托班孩子可以学习理解其他同伴的观点，这对于他们建立人际关系至关重要。我想让孩子们在合作的基础上有所进步。我有一些还没有用的大画布,我可以把它们带到学校,这样孩子们就可以一起画画了。在进行这个活动的时候,孩子们将有机会思考如何与同伴共同作画。"

麦德伦: "我也曾考虑过我们该如何提供这些材料。对于橡皮泥桌,我们需要确保有足够的橡皮泥,这样孩子们就可以尽情发挥自己的创意,不会因为橡皮泥不够而产生不必要的冲突。"

儿童需要学会如何解决冲突,并学习在冲突的早期阶段就开始解决问题。在上述场景中,教师们讨论了如何支持需要帮助的儿童,促进其更好地与人互动。比安卡和纳尔达都想引入促进孩子们进行良好互动的活动,麦德伦关注的是环境和材料的种类与数量,这些因素都可能影响社交质量。社会化是此次计划的起点,教师们利用课程寻找方法,通过语言、示范适宜的社交技能和创设促进良好互动的环境,促使托班孩子获得亲社会经历。

▇ 托班孩子的咬人行为

在托育机构里,托班孩子咬人十分常见,经常引起教师和家长的深切关注。教师必须了解孩子咬人的深层原因,当教师明白了孩子咬人行为背后的原因后,他们就可以制定相应的策略,来支持孩子以亲社会的方式表达自己的需要——这些需要是课程的焦点。教师可以想象一下托班孩子可能会问的问题——什么方法可以帮助我和我的朋友交流?我怎样才能和别人一起玩?为什么我不能咬我的朋友?当我想咬人的时候该怎么办?教师通过反思和制订计划,在他们的课程中采用相应的策略来减少或消除孩子的咬人行为。让我们来看一看托班孩子咬人的一些原因以及应对策略。

教师可以从思考下列问题开始。
- 孩子咬人的原因可能是什么?
- 我们事先观察到的原因是否与实际原因一致?
- 我们从观察中可以了解到什么信息?
- 哪些材料或活动可以减少托班孩子咬人行为的发生?

语言匮乏

托班孩子仍在发展表达性语言,咬人是他们用肢体动作来表达需求的方式。例如:如果一个托班孩子因为不能玩另一个孩子正在玩的玩具而感到失望,那么他可能用咬人来表达"我想玩这个玩具,但我不知道该怎么跟小朋友说";如果一个托班孩子感到担心或伤心,那么他可能会咬人,以表达"我想念我的家人,我很难过";有时托班孩子会因为兴奋而咬人,这可能是在表达"我和欧文一起在玩水桌上玩水,和他在一起我真的很开心"。

当咬人行为发生时,教师采用何种干预方式非常重要,既不能让孩子感到羞愧,又要阻止这一行为。教师可以提供适当的社交信息,比如"停下!你咬痛了欧文!"——这让孩子知道咬人是一种不被接受的表达方式。然后,教师可以向孩子提供一些信息,告诉他们什么是可以说的,例如:"你想对他说什么?""看起来你很想与欧文一起玩,你可以跟他说'欧文,我想玩'。"教师也可以鼓励咬人的孩子安慰被咬的孩子,例如:"我们给欧文拿点冰块,让他感觉胳膊好受一点。"

出牙

托班孩子处于牙齿发育的过程中,他们的口腔很敏感,常常会有不适感和疼痛感。对托班孩子而言,咬人是缓解不适的一种方式,这种方式为教师提供了一个对孩子需求做出回应的机会,诸如提供一些私人使用的磨牙圈、冷冻的牙胶以及咸饼干（在成人的看管下），这样可以减少孩子的咬人倾向。此外，设置一个玩水桌可以缓解他们的不适，因为水对孩子们有天然的舒缓作用。

对私人空间的需要

在托育机构里，托班孩子需要跟很多人挤在同一个地方，因此他们常常感到不知所措。他们也可能因受到过度刺激而兴奋，继而产生咬人行为。例如，当孩子们一起在沙箱里玩时，某个孩子可能会感到拥挤，而他对受到过度刺激的反应可能就是咬人。针对这种情况，在为托班孩子创设游戏环境时，教师要培养自己的空间意识。

教师可以创设若干个供孩子探究的区域，让他们可以分别到不同的空间去玩，而不是把所有的铲子和桶都放在同一个地方。如果一个孩子因持续受到过度刺激而咬人，那么教师可以带他去一个人数较少的区域。

教师可以为咬人的孩子示范如何用语言表达自己的需求。例如："葆拉，你可以告诉查莉——你离我太近了，我挖沙的时候需要大一点的地方。"教师可以用语言来替孩子表达在这些情况下的感受，这有助于他们发展自身的语言。

对托班孩子的需求做出回应的课程计划有赖于教师的观察和反思。通过提出问题和互相分享有关孩子咬人行为的信息，教师可以获得信息支持，以便在制订计划时汇集各种想法，为每个孩子提供发展社交技能的机会；这也将成为课程的有机组成部分，为整个社区的学习者提供支持。

同伴脚手架

当你听到"脚手架"（scaffold）这个词时，你会想到什么？一般而言，脚手架是用来支撑物体的临时支架。同伴脚手架指的是某个个体（如成人、导师或更有经验的同伴）支持并拓展另一个人的认识。当一个托班孩子用语言向另一个还不会说话的同伴表达一个想法时，前者就是在为后者提供同伴脚手架。还不会说话的孩子在会说话的同龄人的帮助下，以自然的方式学习如何运用语言。诸如此类的例子还包括：一个擅长挖洞的孩子教一个还在学习挖洞的同伴，一个可以轻松拼完拼图的孩子和另一个仍在学习这项技能的孩子一起玩拼图。托班孩子在他们的游戏中自然地搭建脚手架，教师需要思考的是如何在托育机构中创设能促进脚手架搭建的环境（Mooney，2000）。生成课程鼓励同伴脚手架的搭建，因为开放性材料能让托班孩子找到自己的位置，追寻自己的兴趣。

教室里的故事

哈洛的冰激凌店

2岁的哈洛在院子里玩各种烹饪材料时，产生了很多想法，他创作食谱的兴趣得到了拓展。哈洛决定开一家"冰激凌店"，把他做的冰激凌分给院子里的孩子们吃。哈洛觉得这是他的想法，但是在教师和同伴的支持下，他开始理解与他人协作并不意味着他会失去冰激凌店经理这个职位。所有的孩子一起忙了几天，决定谁来卖冰激凌，谁来分发碗。他们在互动中使用了不同的交流方式，如用手势、语言和动作来表达自己的想法。

之后，在教学团队的反思对话中，教师们讨论了哈洛的探究活动。有一位教师问道："你们是如何理解哈洛的想法的？其他孩子是如何在不太会说话的情况下在这个特定情景中交流各自的想法的？"另一位教师说道："我很惊讶这些托班孩子使用了'冰激凌店'等词语。"

人们通常认为，托班孩子的游戏仅限于平行游戏，与他们的经历几

> 乎没有或根本没有联系。然而，当教师有机会观察托班孩子的游戏时，他们就会发现孩子们正在发展自己的游戏方案，即制订一个计划并主动邀请其他孩子加入游戏。托班孩子的大脑发育迅速，每个孩子的发育进度参差不齐，他们的成熟程度也不尽相同。在某一领域发展较快的孩子，可以支持或推进另一个孩子的认识。哈洛的互动伴随着语言交流，这可以鼓励其他孩子加入游戏，因为他经常会问其他孩子："你想要一些冰激凌吗？"哈洛的语言交流能力可以作为其他孩子发展游戏能力的脚手架。哈洛在社交和语言方面的发展归功于他在家里的互动，因为他有很多兄弟姐妹。虽然大部分孩子的语言还在发展中，但是教师观察到他们接受性语言能力的发展，还观察到他们通过不同水平的交流开展游戏的能力。

发展任务：语言发展

婴儿从呱呱坠地的那一刻就开始发展语言能力了。他们通过声音、手势、动作和表情与成人交流，让成人知道他们的想法和感受。托班阶段是儿童语言发展的扩张性增长期，孩子们平均每天会说大约50个单词（Maguire Fong，2015）。这种增长为教师提供了另一个重要的课程起点，即为托班孩子创设有价值的语言环境。

托班孩子通过与他人对话，以及与周围环境互动来发展语言。通过与成人和其他儿童的日常对话，托班孩子的大脑建立了表达和接受语言的通路（Small，1998）。当托班孩子一起玩耍、听故事、互相交谈和唱歌时，他们就在发展沟通能力。

想想一天中促进托班孩子语言发展的不同时刻。在给孩子分点心时,我们可以问:"你想要一片还是两片苹果?"这能鼓励孩子使用接受性语言。在给孩子换尿布时,我们可以通过谈话让其主动参与这个过程:"看来你的尿布湿了,你是想靠自己爬上尿布台,还是想让我把你抱上去?"这些对话发生在真实情景中,托班孩子会成为对话的积极参与者(Hammond,2009)。

与托班孩子一起唱歌,是支持其语言发展的另一种有效方式。研究表明,音乐不仅能让儿童感到愉快,还能帮助其习得语言,促进其大脑的发育(Jensen,2000)。与孩子一起唱歌还能增强他们的归属感,培养他们的集体意识。教育工作者贝芙·波丝(Bev Bos)和汤姆·亨特(Tom Hunter)是师幼一起唱歌的积极倡导者,他们认为师幼合唱最容易触及儿童的心灵(Hunter,2004)。开展音乐活动是一种吸引儿童的、有意义的方式,它们已经成为生成课程的另一个组成部分。至此,教师的问题可能是:"我如何给孩子们带去更多真正吸引他们的音乐体验呢?"事先计划好的音乐活动对托班孩子来说效果怎么样?以下是我对此展开的思考。

教室里的故事

今天不再唱那些歌曲了!

我一直很喜欢和孩子们一起唱歌,无论是蹒跚学步的孩子让我给他们唱歌,还是我主动给他们唱家乡小调或社区里流传的歌曲。我在与托班孩子一起开展音乐活动时发现了巨大的乐趣。对我来说,音乐是一种吸引托班孩子的真实且有效的媒介。在我参加托育机构的短暂聚会时,我选择用音乐来欢迎孩子们。大家聚在一起,互相打招呼,建立集体感。没有什么能比音乐更自然地让大家建立联系并进行交流。

在我的教师生涯中，我曾加入一个实践主题课程的家长合作团体。这是一种基于游戏的方法体系，我试着忽略课程主题，每天早上都开展圆圈活动——孩子和家长都参与其中。我觉得我需要介绍与本周主题相关的歌曲。例如，如果我们在开展关于苹果的主题课程，我每天都会教孩子们一首关于苹果的新歌曲。如果孩子们想在"苹果主题周"唱《老麦克唐纳有个农场》（*Old McDonald Had a Farm*），出于对教学主题的坚持，我会试图阻止他们。我每天都会带孩子和家长唱一首新歌，以此扩充孩子们的音乐库——这些主题歌曲对托班孩子来说是合适的。

在一天早上的圆圈时间，我们集中讨论了关于外太空的主题，由于托班孩子比平时更加喧闹，我开始唱《老麦克唐纳有个农场》。在那一刻，我看着孩子们的脸，注意到所有的孩子都加入了歌唱，并发出了代表动物的声音。最重要的是，我注意到他们真正参与了音乐活动，并与音乐产生了联结。我可以看到所有人脸上的表情，他们似乎在交流着："我知道这首歌。""我喜欢这首歌。""我可以参与演唱这首歌，因为这表明了我属于这里。"

在那一刻，我清醒了。我意识到我要唱的主题歌曲并不是托班孩子喜欢的音乐。即使有些乐曲或歌词不错，但它们并没有创造出那种美好的集体氛围。这些歌曲是成人设计并强加给孩子们的，孩子们想要的是此刻对他们有意义的歌曲。在那时，我决定继续问孩子们，他们想唱什么歌。一旦我开始这样做，孩子们通常都会提出很多建议。

当然，我还是会介绍自己最喜欢的歌曲，带给孩子们新鲜感，丰富他们的音乐体验。我只是不再局限于根据主题来选择音乐了，如果孩子们喜欢一首歌，我就再唱一遍，一遍又一遍地唱。孩子们还带来了自己的音乐，一些来自他们生活的歌曲。他们会一整天自然而然地唱着——

玩耍时唱，洗手时唱，玩沙时也唱。有些孩子在圆圈时间什么也不唱，但我知道他们在与音乐建立联结，因为他们的家长会告诉我："我的孩子整晚都在唱这首歌！"我们不能仅仅因为一个托班孩子没有在集体活动中唱歌，就认定他没有参与。所有人，包括成人，都有自己与音乐建立联结的方式。我很尊重孩子们，直到今天，我都以"你想唱什么歌？"作为圆圈时间的开场白。我提前征求他们的建议，是因为音乐真的可以帮助孩子们建立联结、生成感受和形成集体感。音乐要对孩子们有意义，就必须在一定程度上属于他们。

发展任务：运动能力

托班孩子通过攀爬、抓东西、倾倒和其他身体活动来学习。他们运动能力的发展与所有学习息息相关，我们把他们的大肌肉运动视为他们的大脑运动。身体游戏有利于加强他们大脑内与各方面学习相关的神经通路（Warden，2007）。当教师仔细规划环境时，他们可以为托班孩子提供许多独立运动的机会。促进孩子运动能力的发展是生成课程的另一个来源。

教室里的故事

跑上山坡

玛丽拉是一家全日制托育机构的教师，该机构的院子里有一块开阔的草坡。一些教师利用这个空间组织孩子们开展运动游戏，如"红色漫

> 游者"（Red Rover）和"降落伞"游戏。玛丽拉给托班孩子留出了在山坡上奔跑的空间，让他们可以翻滚、坐着和自由地移动身体。配班教师艾莉森认为，托班孩子只需要玩动作类游戏，这样他们才能练习听从指示并学会自我调节。玛丽拉理解大肌肉运动游戏对托班孩子发展的重要性，她向艾莉森建议，尽管一些有组织的大型运动游戏可能会吸引孩子们，但是给孩子们提供自由移动身体的空间会有助于他们的发展。在开发生成课程时，山坡上的运动游戏被纳入了大肌肉运动游戏的计划。玛丽拉和她的教学团队通过文档记录拓展了教师对托班孩子运动游戏重要性的认识。

儿童发展的问题

教师在工作中负有许多责任，包括规划课程和创设环境，培养、支持和教育所有的儿童。生成课程之所以适合托育机构里具有各种能力和需求的孩子，是因为它的计划具有较强的灵活性，教师可以关注每个儿童的个性化需求。教师观察每个儿童的发展并记录他们随着时间的推移而取得的进步，运用自身关于早期发展的知识来评估儿童。当教师觉得某个儿童的发展速度比较迟缓时会发生什么？如果儿童没有达到发展里程碑，那么教师在支持儿童方面需要扮演怎样的角色？生成课程如何支持教师解决这些问题？

生成课程要求教师倾听孩子，专注地与他们在一起，并且鼓励教师通过照片、笔记和录音等多种形式来记录观察结果。不同于那些需要通过具体活动来衡量儿童技能和追踪儿童发展的课程，生成课程为教师创造了一个与托班孩子建立关系的机会，使其对孩子的个体发展形成了更深刻的认识——这使教师有了更多的余地来研究那些没有按照预期速度发展的儿童的行为。

以下几点是值得我们思考的。

- 教师最先要做的就是做大量详细的观察记录。托班孩子每天都在发育。仅仅观察一个托班孩子一天甚至几周，就认定他发育迟缓，显然是不科学的。许多教师会花1个月甚至更长的时间观察孩子，以了解孩子在一天中不同时段的情况。
- 详细的描述性观察记录，能为教师提供有助于其识别托班孩子行为模式的信息。例如，每当噪声很大时，某个孩子会紧紧捂住自己的耳朵。这一行为模式的记录就是有用的信息，可能对专家有用。
- 根据学校的流程，下一步通常是与主管或行政部门分享收集到的信息，学校通常有各种各样的策略来为孩子制订计划。
- 机构负责人和教师组织家长会，与家长一起讨论他们观察到的信息、关注点以及下一步的计划。家长分享自己和孩子在一起的各种经历，为教师提供额外的视角。在通常情况下，机构负责人和教师还会组织一次后续会议，向家庭提供可用资源。发育筛查可以确定托班孩子是否需要接受进一步的评估。
- 教师不是诊断专家。在早期教育领域有个很常见的现象，就是教师试图非正式地诊断孩子的发育迟缓问题或者其他问题。但这不是教师的职责，教师的角色是为专家提供重要信息，这些信息是他们了解托班孩子自然发展样态的窗口，也是判断托班孩子是否发育迟缓或有其他问题和对其实施早期干预的有力证据。

第六章

生成课程的来源——一日生活常规和偶发事件

在托育机构里，教师和托班孩子一起生活、提供日常照护、遵循一日生活常规是日常课程的核心。即使在非全日制的托育机构里，教师和托班孩子在一起度过的时间也很长，他们通过长时间的接触增进对彼此的了解。每个托班孩子的发展路径各不相同，因此教师应找到适合每个特定儿童群体的生活节奏。想象一下，你与家人在一起的场景，你们能适应彼此的性情和生活方式吗？你们是怎么磨合的？什么样的做法是不起作用的？很多人可能会回答"我们尽最大的努力去了解对方，并设法建立某种共同生活的方式"。这与我们在托育机构与孩子一起工作、一起生活是类似的，会影响到机构中的所有日常活动，比如吃点心、午餐、午睡、游戏和集体活动。教师应该使用经过深思熟虑的方法来照顾托班孩子，这样的照护和常规能为孩子建立良好的人际关系提供更多的机会（Hammond，2009）。

我所在的托育机构通常在晨间组织圆圈活动，家长和孩子们会在音乐声中聚在一起，开启一天的美好生活。然而，有一年，在观察和倾听了特定的一组孩子后，教师们发现孩子们需要先玩一会儿，他们只有在与环境、教师建立联系后，才能在圆圈时间聚在一起。教学团队反思了这一发现，并调整了机构的时间表，让这些托班孩子有更多的时间来适应机构的环境。我们把圆圈时间推迟到了一天中更晚的时刻，这样就不会干扰孩子们与机构的环境建立联系或者与家人告别。满足托班孩子的需要比死板地例行公事更重要。

我所在的托育机构中的教师都具有灵活性，创建了最适合儿童群体的常规，这就是回应性教学。

回应性教学和灵活的常规，是一天中偶发事件的关键抓手——这些事件是不可预测的，而且极有可能成为"令人愉快的惊喜"。偶发事件具有意外的特性，往往不会被人忘记——可能是孩子们在泥土中发现了动物的脚印，想知道是什么动物来访过了；又或者是教师和孩子们在户外游戏屋的一个角落里发现了一只正在织网产卵的蜘蛛。这些都会激起托班孩子的好奇心，使其产生许多问题，这些偶发事件是课程的重要焦点。

照护常规的重要性

托班孩子几乎没有时间概念，只能依靠成人提供的日程表和常规来熟悉一天的生活。当教师提供固定的一日流程时，托班孩子可以预知接下来需要做些什么，他们会在探索环境、与同伴和教师建立关系时拥有更强的安全感。固定的一日流程还有助于托班孩子发展自我调节能力。例如，当点心桌摆好后，他们就知道要去洗手了，而且他们自己就会去洗手台。一日流程之所以能成为生成课程的一部分，不仅因为它是机构运作的基础，还因为教师必须依此回应托班孩子的生活节奏。托班教师要持续不断地反思一日流程和常规，以确保满足孩子们的发展需求。

这些是教师在反思一日流程时提出的一些问题——一天中的过渡环节是如何进行的？我们的过渡环节是不是太多了？我们有没有给托班孩子留下足够的时间来探究他们的想法？以下是作为课程计划一部分的托育机构中的一日流程。

第六章　生成课程的来源
——一日生活常规和偶发事件

■ 换尿布

换尿布，是托育机构中的一个重要环节。教师必须定时给托班孩子换尿布，并记录换尿布的时间和频率。然而，这不仅是一项照护任务，也是照护者与托班孩子建立积极信任关系的重要机会（Hammond，2009）。教师应该回答以下问题：换尿布时，孩子和教师是否进行了互动？在换尿布的过程中，教师会对每个孩子都做出回应，还是不顾及个体情况，尽快地给孩子换完尿布？在执行特定的照护任务时，是有一个连续性的照护计划，还是多位教师在一天中给同一个孩子换尿布？以上内容值得教师反思和讨论。

■ 学习如厕

能独立如厕，是儿童发展的一个里程碑，取决于他们在身体、智力和情感方面的准备情况。许多教育工作者更喜欢用"如厕学习"一词，而不是"如厕训练"。如厕学习，更准确地描述了这是一个学习项目。控制膀胱是一种生理功能，托班孩子不可能在成人的指令下通过奖励式训练学会或被教会这项能力。与人类发展的许多里程碑一样，儿童控制膀胱的发展趋势是先天确定的。当托班孩子开始表现出准备学习如厕的迹象时，教师可以利用这段关键期培养儿童的自我意识，发展他们的独立性，并找到一种最适合这些孩子的时间调度方法。这是为了让托班孩子理解他们身体里的感受，并能让他们放心地把自己的感受告诉教师，以及让他们有足够的时间去练习如厕，而不会感到焦虑或有压力。

教师和家长如何支持托班孩子的如厕学习？

教师和家长通过了解有关托班孩子如厕学习的信息，可以帮助孩子顺利地完成从使用尿布到独立如厕的过渡。家长们经常问教师这个过程是如何进行的，教师可以提供确切的信息，以尊重的心态指导家长并引导孩子完成这个过渡。

大部分孩子是在 18—20 个月时表现出如厕的里程碑迹象的。

- 寻找托班孩子控制膀胱的迹象，例如，在白天或者午睡后，孩子的尿布至少有几小时是干燥的。
- 注意托班孩子是否表现出使用马桶或坐便器的兴趣或意愿，以及他们是否不喜欢穿着湿的或脏的尿布。
- 在感到自己需要排便或正在排便时，托班孩子开始用语言进行表达。

当你注意到托班孩子的这些迹象后，你就可以开始与他们讨论如何学习如厕了。

- 成人可以向孩子示范关于如厕的表达性语言——"你在不停地走动，我想知道你是不是想上厕所。"这让托班孩子学会感知自己的身体反应，在感觉到膀胱充盈时用语言表达如厕需求。
- 在厕所里放一个坐便器，使处在如厕学习过渡期的托班孩子感觉更舒服。

午睡

托班孩子处在身体、认知和情感快速发展的阶段，需要充足的睡眠，所以许多托育机构会安排休息时间。研究表明，儿童在早期养成良好的睡眠习惯将对他们余生的健康产生积极影响（Hammond, 2009）。当教师能对托班孩子的睡眠需求和睡眠规律做出回应时，每个人都会受益，游戏质量也能由此得到提升。当托班孩子得到充分休息后，他们能更好地调节自己的情绪，更加专注地与环境互动。

然而，重要的是要记住，儿童睡眠是一种不能由成人控制的生理功能，教师必须对不同的睡眠模式表现出敏感性（Hammond，2009）。制订计划来创设一个平和、安静的环境，并对儿童的睡眠模式做出敏感的回应，这是课程的重点。

- 在午餐前准备好午睡环境，这样托班孩子就知道午餐结束后要做什么。这创设了一种氛围——鼓励孩子们在午餐时放松下来。
- 创设一个让孩子感到放松的环境。营造一个灯光微弱、放着舒缓的背景音乐的午睡区域。播放白噪声，如轻微的海浪声、小溪涓涓流淌的声音或小雨的声音。
- 以一种安静且温柔的方式陪伴托班孩子入睡。轻声慢语，在环境中营造一种静谧的氛围。
- 准备过渡物，如毛绒动物、孩子从家里带来的毯子等，让孩子感到安全和获得心灵慰藉。
- 记住，当儿童感到安全时，他们就会感到放松和平静。要让他们知道你就在旁边支持他们。对于托班孩子来说，睡得安稳很重要，要让他们确信午睡时间是安全的。

■ 进餐时间

无论是早餐、点心还是午餐时间，一起进食可以让教师和孩子们聚在一起，开展日常交流、分享健康的饮食习惯。实践生成课程的教师会关注孩子们在一天中的进餐情况，讨论孩子们的反应。他们讨论的常见问题包括："餐点的安排能否促进孩子们发展独立性？""孩子们在进餐时间看起来饿了吗？""我们是否应该考虑调整一日流程，以更好地满足孩子们的需要？"

> **教室里的故事**
>
> **对点心时间的反思**
>
> 加利福尼亚州伯班克市的一个全日制早期教育中心的托班有 3 名教师和 20 个孩子。过去，进餐是一个大型的集体活动，所有的孩子都要停止游戏，洗手后坐在桌子旁，等待教师分发食物。然而，这种吃点心的流程给孩子们带来了压力和冲突。教师通过观察意识到，这样做是行不通的。首先，孩子们的游戏被打断了，教师和孩子们之间产生了许多纠纷。其次，餐厅里只有一个洗手槽，所以场面常常陷入混乱。最后，孩子们被要求坐在桌子旁等待很长一段时间，教师们慌乱地给孩子们分发食物。此类情况引发了许多不必要的问题，如一些孩子因为必须等待而哭泣，还有一些孩子因为教师不在旁边而狼吞虎咽，没有关注吃的食物。
>
> 教师们开始自问："就托班孩子的成熟程度而言，期望他们长时间坐着等待是不现实的，我们怎样做才能最大限度地减轻孩子的压力，让他们有更多的自主机会呢？"教师们认识到，每日吃点心的流程非但没有让孩子们收获成功的社交和情感体验，反而压抑了他们的自主行动。为了让孩子们获得自主的感觉，创造一种更平和的体验，教师们一起重新安排了吃点心的流程。
>
> 特蕾西："我觉得我们需要重新思考吃点心的流程。我想知道如何才能最大限度地减少孩子们的压力。除了大家一起吃点心外，我们还能在早上的其他时间提供点心吗？也许尝试不同的方法可以培养他们的独立性和自主性，减少混乱。"

第六章 生成课程的来源
——一日生活常规和偶发事件

安娜："我也对这个流程感到不舒服，我想找到一种方法来改变点心时间的状况，让吃点心成为孩子们的积极体验。我想知道，我们现在吃点心的方式是否教会了孩子们要有耐心。我是在一个大家庭里长大的，我和我的兄弟姐妹必须学会等待。我们是否仅仅因为对孩子们的行为感到不舒服而剥夺了他们的学习机会呢？"

帕蒂："我小时候也经常不得不等待。虽然我的记忆来自我的学龄时期，当时我六七岁，而不是2岁。托班孩子仍在发展自我调节能力，他们在一天中有很多需要等的时刻。我认为，如果我们尝试让一名教师照看4~6个孩子吃点心，那么我们可能会更成功。我们可以向孩子们宣布，餐桌和点心都准备好了，是开放的，可以随时光顾，另外再安排一名教师来帮助他们。等孩子们坐满之后，我们可以告诉其他正在等待的孩子有空位的时候再过来。等待空位的孩子继续游戏，等有空位的时候再到餐桌边坐下。这可能会有效，因为室内和室外都是开放的，他们可以自由游戏。"

特蕾西："好的，明天我们试试。我认为这个方法也为孩子们提供了自我服务的机会。我们一直在寻找培养他们自主性的方法！"

教师们讨论了他们提出的问题，并从他们的兴趣、个人经历和文化价值体系等方面进行了反思，所有关键要素都被纳入了他们的讨论。会后，教师们想出了一个新的吃点心流程，并决定第二天试试。他们在晨会上与孩子们分享了新的吃点心流程，然后开始了新的一天。整个上午，他们都在提醒孩子们新的计划安排。教师们发现，孩子们对新的吃点心流程的反应是积极的，因为他们现在可以自己决定什么时间去吃点心。如果孩子们在那个特定的时间还不饿，或者不想中止自己的游戏，那么他们可以不受干扰地继续自己的活动。新的吃点心流程使托班孩子能发展自我意识和主动性，感受自己是否饿了。托班孩子还学会了等待，因为他们必须等待餐桌旁的空位。

当教师聚焦于照护和一日生活流程，把托班孩子作为生成课程的来源时，他们会发现每个环节对托班孩子而言都是有学习价值的。

偶 发 事 件

生活中充满了不可预测的时刻，伴随这些时刻的是非常多的学习内容。回想你生命中某个不可预测的时刻，以及这段经历如何影响你的学习。对于这段经历，你还记得哪些内容？它如何影响你的知识和发展？

托育机构中充满了偶发事件，这些偶发事件为托班孩子提供了丰富的学习机会，是课程的重要方面。下面这个案例描述了一个托育机构中的偶发事件，看看这个案例，了解教师是如何将偶发事件融入课程计划的整个过程的。

教室里的故事

城市里的鸟窝

这是加利福尼亚州谢尔曼奥克斯的一个早期教育中心，位于洛杉矶地区的一条繁忙的街道上。供托班孩子开展户外游戏的院子空间很小，由沙箱、游戏屋和人造草皮组成。院子周围布满了沿着围栏生长的灌木，避免了外侧街道和交通对孩子们的影响。在某一年的春天，教师和孩子们发现鸟儿在灌木中筑巢了。这是令托班孩子感到非常激动的时刻，因为通常他们很少能从大自然中获得这种自发的体验。发现的过程让他们明白要控制好自己，因为他们真的太想去触碰鸟巢和鸟蛋了。他们还了解到，鸟孵化的自然过程需要时间、物理空间和被尊重。这让他们产生了许多关于鸟巢和鸟蛋的问题："它们从哪里来？""它们是如何到这里的？""谁来照看这些蛋？""它们是什么鸟？""它们什么时候孵出小鸟宝宝？"

经过几个星期的仔细观察和无数次交流，鸟蛋孵化了。孩子们意识到他们需要对小鸟宝宝认真负责。他们开始明白，触摸鸟可能会对鸟的孵化过程产生有害影响。"你不能在那附近玩！"他们会告诉同伴及进入院子的访问者，"小鸟宝宝在睡觉。"为了扩展他们的兴趣，教师们提供了一些具有支持性的活动，比如，让孩子们阅读关于鸟类的图画书，用小棍子、黏土和从工艺品商店买来的仿真鸟建一个鸟巢。

又过了一段时间，孩子们发现小鸟不见了，留下了它们的巢穴。教师和孩子们讨论了小鸟离开巢穴的过程。孩子们有很多问题："它们去了哪里？""我们还能再见到它们吗？"很多感受伴随着经历产生："我很难过。""我想那些鸟。"孩子们通过口述信件内容来表达他们对小鸟的情感——小鸟宝宝已成为他们游戏的一部分。几周后，教师们轻轻地把鸟巢从树杈上拿下来，这样孩子们就可以更近距离地探索鸟巢了。

反思偶发事件

想一想这个偶发事件给孩子们带来的有意义的学习机会。托班孩子对这些鸟提出了哪些问题？他们在这个过程中学到了什么？从在高高的灌木丛中发现鸟巢（这一令人兴奋的惊喜）的那一刻，托班孩子的探究就开始了，这也是教师和孩子们共同探究的起点。基于托班孩子对幼鸟的兴趣,教师带来了相关的图书,以便他们研究鸟的种类。教师还在环境中投放了开放性材料和人造材料,让孩子们从游玩体验中获得有意义的学习。正因如此,鸟类生命周期的概念、鸟的孵化过程、对鸟类的识别、对自然的真实理解等,自然地融入了托班孩子的课程体系中。这种经历不仅真实,而且根植于托育机构的日常生活。当托班孩子对鸟巢感到好奇和兴奋,提出许多问题时,教师发起了很多活动,让孩子们有时间探索自己的问题。孩子们的游戏建立在他们对鸟、鸟巢、鸟蛋和栖息地的理解之上,他们在玩游戏时对大自然中的生命过程产生了敬畏。在活动的最后,"城市里的鸟窝"成了一个与孩子们相关的主题——一个由孩子们在机构中的经历演变而来的主题。这次经历提供了有价值的课程来源。相比之下,实施关于"鸟"的主题的"脚本化"课程,会对孩子产生同样的影响吗?"脚本化"课程会像生成课程那样对孩子产生积极的意义吗?

当我谈到把偶发事件作为生成课程的来源时,教师通常会问:"哪些令人惊喜的瞬间可以成为生成课程的资源?""如何确定孩子是否想探究这个主题?"上面的案例展示了托班孩子的兴奋和奉献,以及他们对鸟巢和小鸟宝宝的持久兴趣。

- 孩子们自由"支配"他们对鸟巢的兴趣。
- 他们(带着坚定的信念)告诉每一个走进院子的人:"小鸟需要有自己的空间。"
- 出于对小鸟宝宝安全的担忧,孩子们示范如何进行自我管理——"不要碰小鸟宝宝!"
- 孩子们表现出对自己以外的生命体的同情。"城市里的鸟窝"成了课程的中心,以最真实的形式推动孩子们产生对动物王国的尊重。

即使是很小的、在一天中瞬间出现的事件也可以被视为偶发事件。孩子们在院子里发现了不寻常的昆虫，在沙子里挖到了一个埋着的玩具，或者看着一辆拉响警报的消防车疾驰而过，这些都属于偶发事件，它们都可以成为课程的起点。有时，这些令人激动的时刻会让托班孩子产生短暂的兴趣。而在其他时候，如果孩子追问更多的问题，那么这些偶发事件就可以融入课程，持续影响更长的时间。通过倾听，教师能捕捉到继续支持儿童探究的时机（孩子们可能会逐渐对某个偶发事件失去兴趣，在过了一段时间之后，又重新燃起对该事件的兴趣）。

第七章

对生成课程的整体思考

在实践生成课程的最初阶段,最容易被教师误解的观点是"生成课程很少有计划或者没有计划"。然而,事实并非如此。如第三章至第六章所述,生成课程有多种来源,教师需要深思熟虑和精心计划,才能把所有想法整合起来,为托班孩子提供一个安全的、具有激发性的环境。教师需要空间和时间来汇总自己的想法,分享、讨论自己的观察,反思托班孩子的疑问,以他们的兴趣为基础来创设环境。

生成课程的各种来源,为教师制订课程计划提供了参考,有助于教师形成实践生成课程的思路。创建一个囊括各种课程来源的清单,有助于教师在计划阶段梳理自己的观察,明确自己可以发挥的作用。

- 你看到托班孩子提出了哪些问题、感兴趣的话题(兴趣、好奇心、影响他们在校表现的家庭状况等)?
- 你想让托班孩子知道哪些与他们相关的、对你的教学团队重要的事情?
- 你希望托班孩子完成哪些与他们的发展相适应的任务、掌握哪些概念和技能?教室里的情感氛围如何?
- 托班孩子对日常照护和一日流程的反应如何?
- 你有没有观察到任何可能成为托班孩子兴趣焦点的偶发事件?

制订计划的时间

当我在生成课程的研讨会上发言时,关于时间的话题总能引发热烈的反响。这些问题通常是这样的——"教师什么时候有时间讨论自己的观察和被整合到课程中的其他资源?"当我们讨论早期教育中的生成课程时,教师最担忧的是没有时间碰面或规划课程(托班课程也不例外)。为托班孩子创设一个支持他们思考的环境是需要时间的。托班教师一天中的大部分时间都被孩子们占据了,少量余下的时间被用于休息、处理日常事务和维护教室,找时间坐下来制订计划对教师而言简直是一种奢望。

一线教师为我们提供了透视早期教育问题和制约因素的真实视角。他们的反馈和意见是无价的——让我们了解了他们的见解、对现实的担忧及面临的障碍,以及他们进行反思性对话的策略。

谢丽(全日制托育机构教师):"我在全美幼教协会认证的托育机构中工作。我每天工作8小时。我们需要做的事情太多了,比如,写每日报告、实施DRDP[①]评估,以及全天候地给家长发照片、给孩子换尿布、喂食并照看孩子午睡。我们需要提前制订活动计划,但我们几乎没有时间坐下来交流,与教学团队成员碰面几乎是不可能的事情。"

唐娜(家庭托育机构教师):"我一整天都在照顾孩子,走来走去。虽然一些孩子已经睡着了,但总有一些孩子还没有睡。我确实意识到了托班孩子的想法,甚至想追随他们的想法。我现在利用晚上的时间,根据孩子们的兴趣

---

① 英文全称是"Desired Results Developmental Profile",中文意思是"预期发展结果评价档案",是一个用于评估儿童发展的工具。——译者注

写下自己对课程的看法。然而，我的家庭生活使我几乎没有时间思考和制订计划。我想为托班孩子实施生成课程，但不知道这是否现实。"

珍妮弗（澳大利亚某全日制户外托育机构的教师）："在我们的机构中，孩子们所有的时间都在户外度过，所以我们没有休息时间，也没有计划时间。我们的计划和反思大多是基于我们在现场的谈话和对孩子们的观察进行的。我们一般在孩子们休息时交流彼此的想法，我们非常擅长根据孩子们的需要做出决定，并在必要时就行动方案达成一致意见。"

爱德华（半日制托育机构教师）："我所在的托育机构中有12名孩子和2名教师。主管允许我们从主题课程转向生成课程，但她没有给我们任何时间做计划。我和我的同事晚上要去大学学习，对我们而言，用闲暇时间做计划是不可能的。"

对于实践生成课程而言，托育机构的教师没有时间开会是一个问题。但也有一些有决心的教育工作者找到了创造性的方法——创造机会和挤出时间开会，以便讨论托班孩子的新兴趣。以下是部分教师发现的一些有用的方法。

- 与管理者一起集思广益，在一周中留出一些制订计划的时间，即使是30分钟的反思时间也是有益的。
- 如果没有时间开会，那么电子邮件和短信可以成为有效的沟通工具。教师可以通过分享照片、笔记和对托班孩子探究的反思，开启反思性对话。
- 在公共空间里放一块白板，教师可以在上面写下孩子正在进行的探究和遇到的问题，从而开启一场积极的对话。

下面是目前正在实践生成课程的教育工作者分享的他们进行反思性对话的策略。其中很多教师面临开会时间的限制，然而，他们都找到了加强联系和分享信息的方法。

玛丽亚（全日制托育机构教师）："我们会拍很多照片，随身携带一个小日记本和一支铅笔做笔记。教师们通常在周五碰面，因为周五来的孩子比较少。在孩子午睡的时候，我们会有30分钟左右的时间来分享和讨论我们的想法。虽然时间不是很长，但这对我们来说够用了。"

迭戈（半日制托育机构教师）："我所在的机构每周开放四个半天，因此，我们每周可以安排两次会议来进行讨论和反思。我们与家长分享关于孩子们的探究情况的文档记录。在开会时我们分享各自的观察结果，写下活动计划和所需要的材料，并简要地将我们的想法列在每月的家园通讯中。我们很幸运有充足的开会时间。"

比安卡（半日制托育机构主任）："我们每周抽空在下午开一次会，集体制订课程计划。我觉得这次会议很有必要，我会尽量召集所有的教师。如果我们不能碰面，我们会通过互相发短信或电子邮件的方式，分享观察结果和计划的想法。我们为家长准备了一份由照片和逸事记录构成的实时通讯——文档记录是我们追踪孩子们不断出现的兴趣的方式。"

露丝（全日制托育机构教师，该机构中的教师每日轮值）："开会对我们来说是一个巨大的挑战，因为很多教师是在不同时段上班的。我们在教室里挂了一块白板，这样教师们可以在白板上写下自己的新想法。午休的教师或者不值班的教师就可以看到一周内发生的事情，简要地记下他们看到的、孩子正在发展的兴趣，这肯定有助于我们制订计划。我们用短信和电子邮件来分享信息，我们白天没有时间开会，但我们会轮流撰写周记。对我们而言，沟通是至关重要的，尽管这是一个挑战。"

戴娜·玛丽（全日制早期开端计划机构教师）："我们有很多来自州和联邦的要求，比如，实施不同类型的评估、每日给家长发照片，以及为每个孩子写日记。我们已经开始实践生成课程，目前主要使用电子邮件和短信来交流与分享想法。"

制订计划的工具

反思性对话、网络图、逸事笔记、照片、手工作品和文档记录均可作为教师计划生成课程的工具。由于涉及许多不同的因素,因此不存在"一刀切"的计划,教师要尝试不同的方法,以便找出适合教学团队和托班孩子的方法。

探究循环:反思和计划的起点

想象一下一连串会引起托班孩子探究的想法。先从观察开始,观察可以帮助教师了解孩子正在努力理解什么。接着,做一些反思,并花点时间思考哪些材料可以支持孩子思维的发展。

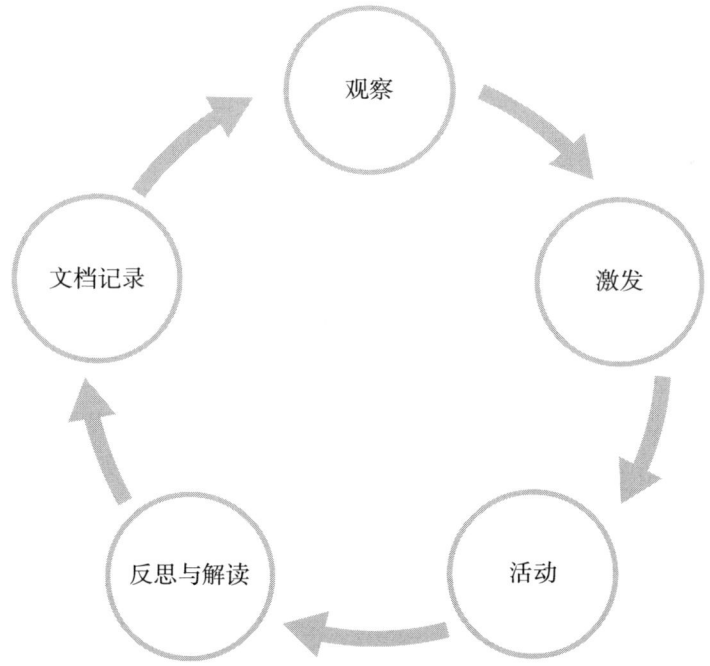

探究循环创建了一个讨论托班孩子新想法的框架,
这个框架包括一系列步骤,为教师提供了反思和计划的起点

在这里，我们可以通过对 2 岁格里森的观察来练习这个过程。教师们通过共同努力，创设了邀请和激发托班孩子的环境。他们自问："什么样的材料可以创设一种像家一样的舒适氛围？"根据以往的经验，教师们意识到锅碗瓢盆似乎总能引起托班孩子的兴趣，并吸引他们参与到活动中。对格里森游戏的观察，有助于他们创设一个更适合孩子们探究的环境。

格里森大部分时间都在沙箱里，用一个平底锅开展游戏。他向锅里加入沙子和水，然后把它们摊平在平底锅里。他抬起头看着教师，说："比萨！我和爸爸一起在比萨石上做比萨。"

为什么这是一个重要的观察呢？反思是理解互动必不可少的一部分，加上我们对孩子的既有认知——格里森刚刚进入这个托育机构，他正在与教师和机构建立联系。尽管格里森的语言表达能力很强，但他对环境有不确定感，正因如此，他在说话时小心谨慎。金属材质的平底锅和开放性材料给予格里森大胆试验的机会，并调动了他的已有经验（和爸爸一起做比萨）。通过这个游戏，他主动接近教师，跟教师分享自己制作比萨的想法。他正在通过互动构建意义世界，学习信任他人和自己的想法，这也将成为其展示自己想法和感受的方式。

探究循环是教师制订计划的一种方法，有助于他们收集想法、分享反思，并制订支持孩子学习的可能性计划。它还能让教师深入理解托班孩子的已有经验，教师可以汇集所有这些信息来指导自己开发课程。我们可以通过教师与格里森在沙箱中的互动来理解探究循环中的每一步。

第一步：教师通过照片、视频和笔记本记录对孩子的观察

教师的回应："格里森用金属材质的平底锅混合水和沙子。他把沙水混合物摊开，来到一位教师面前说：'比萨！我和爸爸一起在比萨石上做比萨。'这是格里森第一次在教师旁边用语言表达自己的想法。另外两个孩子对用沙

子做饭也很感兴趣。"

第二步：教师思考激发孩子探索的方法

教师的回应："我想知道，当格里森有机会在游戏中再现他的家庭生活经验时，他会在机构里感到更放松吗？对格里森而言，做饭是一个他熟悉的话题，他在与其他孩子分享关于做饭的想法时会感到安全。我还注意到，在格里森做完'比萨'后，其他孩子来与他一起玩沙了——做饭游戏促进了托班孩子的交往。一个孩子补充道：'我想吃意大利辣香肠比萨。''我想吃蛋糕。'这启示我们提供不同的烹饪工具和开放性材料来拓展区域的功能，这样可以让更多的孩子参与进来。我们可以从家长那里借鉴哪些食谱和吸取哪些烹饪经验？我们如何继续鼓励孩子探索食谱？我们如何通过孩子的游戏建立更多的家园联系？网络图可以为我们提供思路吗？"（在本章的后面部分，有更多关于网络图的论述。）

第三步：教师创设具有激发性的环境，孩子们的活动开始了

教师的回应："在户外设置一些区域，邀请托班孩子分享他们已知的烹饪活动。用平底锅、碗、木勺和扁木片，邀请孩子们发明食谱和配方、做实验。我们会放置几个树桩作为烹饪台，增加不同类型的材料，这样孩子们就可以把这些材料添加到他们的创造物里。"

第四步：教师对活动进行反思和分析

教师的回应："格里森和其他孩子在户外烹饪区玩了至少45分钟。他们一起做比萨，往碗里装满水，加小树皮块做馅料。这是一个忙碌的区域，融入了许多家庭生活中的饮食元素，包括烹饪方法和食谱。"

第五步：记录儿童的问题和学习，并考虑下一步要做的

教师的回应："我们应该将格里森的互动写进每周通讯中，向读者展示家园联系的重要性。我们也可以制作一本家庭食谱书，写下用料和步骤，并在书中呈现孩子们根据自己的想法烹饪的照片。这可以作为另一种形式的文档记录。"

这个探究循环从反思托班孩子的想法和观点开始。因为它是一个圆环，所以可以从任意一点启动。格里森的互动向教师提供了有关他的家庭生活的信息，并让教师意识到了家园联系对孩子的情感发展有一定的益处。格里森的互动还带动了其他孩子发展社交能力。探究循环提供了一个起点，激发了孩子用沙子烹饪的想法，拓展了他们使用沙箱的创造性玩法。教师就孩子们的互动问了一些问题——孩子们关于沙子和水的经验有哪些？他们有哪些与家人一起烹饪的经验？之后，教师审视了他们的环境，并开始思考其他可以拓展孩子们社交经验和烹饪经验的材料。

网络图

网络图或思维导图是一种头脑风暴工具。网络图为思维生长和拓展提供了视觉空间，所有的想法都会成为头脑风暴的一部分，而不会被忽略。试想一下，当你和某人深入交谈时，话题开始偏离主题，最终你回到了主题（或者没能回到主题）！在此期间，你会挖掘所有有用的想法。通常那些"介于两者之间"的想法都是有意义且相关的。网络图为不相关的想法创造了一个空间，拓展了教师的思维。

网络图是非线性的，有助于教师发展发散性思维（一项值得练习的能力）。让我们通过一位教师的观察记录了解网络图的作用。

一位教师的观察："我注意到孩子们经常攀爬、跳跃。他们会爬上院子

第七章
对生成课程的整体思考

里的长凳或跳进沙箱里。我们能不能找到一个让他们可以拥有更多选择的地方？孩子们正在用身体探测环境。通过对孩子游戏的观察，我可以知道他们正在探索什么可以爬、什么不可以爬。目前我们没有很多专门用于攀爬的器械（比如攀爬架），那么我们可以用哪些材料给孩子们创设一个有挑战性的游戏场地呢？我们如何在户外的院子里为他们提供攀爬的体验呢？"

托班孩子花大量的时间通过运动来学习。他们似乎在问这些问题："我怎样才能通过攀爬探险？""我能爬吗？我能爬多远？""如果我跳下去会怎样？""我要运动，我可以去哪里运动？"

托班教师深知身体游戏的重要性，然而，他们受限于托育机构户外空间的面积。经过深思熟虑的课程计划将有助于教师随机应变，找到新的方法来满足托班孩子的发展需求和兴趣。

在教师们集思广益之后，他们开始计划活动来支持孩子对问题的探究。在课程发展的过程中，网络图为教师提供了支持。让我们看一看教师们为了给孩子们提供更多的攀爬空间，思考了哪些不同的策略。上述的托育机构给院子配备了树桩，以营造更自然的感觉。托班孩子将这些树桩作为他们制作泥饼和其他菜肴的操作台。这些树桩也可以另一种方式摆放，为孩子们提供挑战体能的机会。教师们把树桩摆成一个圈，这样孩子们可以尝试爬上爬下、跳上跳下，或者尝试从一个树桩跳到另一个树桩上。教师们想起了储存在仓库里的平衡木，他们把这些平衡木拿出来摆放好。因为院子里大部分都是沙土地，教师们决定堆一个大沙丘，让孩子们爬上去、滑下来。他们还增添了大塑料铲子，鼓励孩子们挖沙和堆沙丘。

撰写课程计划

当教师希望满足托班孩子的兴趣并保持灵活性,但又被要求撰写课程计划时,会发生什么呢?实践生成课程的教师可以制订一个书面的可行性计划,指导他们的教学,同时与儿童的探究保持关联。这里有一个由苏珊·斯泰西开发的课程计划模板,此类课程计划给教师提供了写下想法的空间,保持了计划的灵活性。

我们在第三章至第六章讨论了生成课程的不同来源,介绍了它们可以如何融入教师的计划。这里有一个关于教师会议的例子,教师们在会上讨论了各自的观察和反思。在这次会议上,教师们根据斯泰西的课程计划模板写下了他们的计划。

基努:"我们的机构里有很多来自不同家庭的孩子,一些孩子是6个月大,还有一些孩子是上周才出生的!我们班还有一些孩子的妈妈是孕妇。无论是在室内还是户外,孩子们都喜欢玩角色扮演游戏。另外,我计划向孩子们介绍简单的颜色混合活动。当孩子们使用水彩颜料时,他们真的很想把所有的颜色混合在一起。我想增进他们对颜色的了解,让他们知道颜色是如何混合的,以及混合颜色时会发生什么。"

爱德华:"是的,我也注意到孩子们对小宝宝感兴趣,他们对帕蒂老师也很感兴趣,因为帕蒂怀孕了。我还观察到孩子们用沙子做饭,格里森描述了他和爸爸一起在比萨石上做比萨的事情。与年初刚入园相比,他进步很大,能很好地用语言表达自己了。其他孩子也加入了游戏,一些还在学说话的孩子也加入了进来,他们用手势进行交流。这些观察和发现有助于我们进行月度评估。"

第七章
对生成课程的整体思考

帕蒂："你们注意到孩子们经常攀爬吗？例如，他们经常爬上桌子和院子里的长凳？这常常造成场地拥挤，埃弗里已经因此受伤了。我觉得他们缺少攀爬的空间。当我们把塑料攀爬架移出院子时（当时是为户外游戏创设更多的空间），他们就少了一个可以攀爬的区域。"

基努："我也注意到了。让我们想想如何利用我们现有的东西给他们提供攀爬挑战。"

爱德华："还有一件事，他们对音乐（唱歌和演奏乐器）真的很感兴趣。我们怎么把它们融入课程呢？"

教师们对观察结果进行了反思，并讨论了孩子们不断产生的疑问。为了回应孩子们的探索，教师们在户外的院子里，用不同的材料创设了不同的攀爬设备，孩子们可以在不太拥挤的地方攀爬和跳跃，接受更多的挑战。在这样的安排下，孩子们的运动游戏转变为跳跃挑战。由于这一安排考虑到了空间和孩子们的聚集情况，冲突也减少了。教师在娃娃家添置了更多的婴儿物品，如婴儿衣服、尿布和奶瓶，孩子们花更长的时间玩角色扮演游戏。当教师在环境中设置不同的区域（如"婴儿室"）后，孩子们的互动也增加了。基努在户外的有机玻璃画架上放置了可调色的颜料，并且提供了剃须膏。这引发了孩子们关于颜色混合和变化的对话，随后，基努根据他们的问题提供了更多种类的颜色混合活动。教师在圆圈时间介绍了乐器，孩子们很高兴以这种新的活动方式参与进来：所有这些信息都持续支持教师制订月计划。

观察到的行为	教师的反思	回应、邀请、对话和活动	后续的观察
孩子们在照顾娃娃（许多家庭都在期待婴儿的出生），他们通过搂抱、喂食和给予关心来照护婴儿。	孩子们正试图理解他们生活中将要发生的变化。他们正在发展同理心，并通过照护娃娃理解自己世界中将要发生的事情。我们拍摄的照片显示了他们是如何理解婴儿的照护需要并温柔地对待婴儿的。	给孩子们提供关于婴儿的书、婴儿的衣服、婴儿洗澡用的浴盆。	孩子们完全参与到照护婴儿的活动中，甚至有的孩子想设置专门的婴儿区域。也许可以为其提供在户外游戏时使用的婴儿衣服、奶瓶和毯子。
孩子们在画架上混合水彩颜料，并把颜料带到玩水桌上，在那里混合颜料。	他们有很多关于混合颜料的问题：如果把颜料混在一起会发生什么？如果把所有的颜料混在一起会怎样？为什么混合后的颜料会改变颜色？	在感官桌上盛水的容器中加入不同颜色的颜料，为孩子们提供小量杯。在玩水桌上提供三原色颜料和可以装水的透明塑料瓶。带给孩子们关于颜色的书，比如《小蓝和小黄》①（ Little Blue and Little Yellow ）。在光桌区提供亚克力色卡。在桌子上试着提供两种颜色的橡皮泥，让孩子们探索混合橡皮泥。	持续关注孩子们混合水彩颜料的游戏，添置大水彩刷。

---

① 该书中文版已由明天出版社于 2008 年 6 月出版。——译者注

（续表）

观察到的行为	教师的反思	回应、邀请、对话和活动	后续的观察
孩子们在寻求攀爬的挑战。他们爬上桌子和长凳，再跳下来，尝试挑战身体的极限。	他们在寻求体能上的挑战，尤其是攀爬的挑战。他们的疑问是"如果……将会发生什么？"。	重新摆放树桩，给孩子们带来挑战。把平衡木拿出来，试试不同的摆放方式。堆一个孩子们可以爬上去的大沙丘。添置大铲子，鼓励孩子们挖沙。	把木板当作加长的平衡木。可以找大一点的轮胎，让孩子们爬进去并滚动轮胎，以接受体能上的挑战。也可以为他们提供大型的建构积木。

注：经苏珊·斯泰西允许使用。

职责与评估

许多联邦和州的早期教育机构，乃至全美幼教协会认证的早期教育机构，都需要提交书面课程计划，以便获得公共资金的资助（Carter and Curtis, 2017）。机构管理人员被要求说明对儿童发展技能的评估过程、机构教学目标的实现情况，并呈现相关的教学记录。儿童的家庭也想了解儿童的学习进程以及他们在早期教育机构里是如何学习的。生成课程关注所有的学习领域，如社会、情感、身体和认知发展，为儿童发展的评估和测量提供依据。下一章讨论的"记录"可以表明儿童是否达到了学习标准。但最重要的是，它向社区成员展示了托班孩子可以有深思熟虑的想法并开展深入的探究。

当活动没有按计划进行时

当你为一组托班孩子安排了一项活动,但活动没有按你的计划进行时,会发生什么呢?你有怎样的感觉?你会有挫败感吗?你会认为这是一个学习机会还是一次失败的活动?作为教师,我们每个人都有过这样的经历,这些经历会让我们感到沮丧和不满。然而,对于教师和托班孩子来说,这些是重要的成长机会和学习机会。作为生成课程重要的成功要素之一,灵活性在计划和反思环节起关键作用。

也许你已经制订了一个活动计划,但托班孩子对如何使用材料有不同的想法。当这种情况发生时,请重构你的计划,因为你提供的材料已经激发托班孩子进行创造了!你为拓展托班孩子的烹饪活动而准备的锅碗瓢盆,或许会变成他们收集院子里的开放性材料的容器,收集种子的篮子或许会变成消防员的头盔,这些恰恰显示了托班孩子思维的发散性,有助于教师深入了解孩子对世界的认知和他们想努力理解什么。

如果教师坚持按照计划活动,那么这个活动就无法促进孩子发展主动性,无法推动他们产生新的想法,也无法满足他们的学习兴趣。花点时间回想一下你的学习经历,当你被要求学习一个科目,而你本身与这些内容没有什么联系时,强制性的学习让你学会了吗?它能培养你对学习的热爱吗?教师必须记住,任何课程的重点都是激发学习者的动机,与其已有经验产生联系并推动其参与学习。

现在我们重新思考课程的定义。我们明白课程本身是一个有目的的计划,为教师提供了一个支持学生学习的框架。无论主题来源是什么,课程都为我们提供了一个方向和深入了解所有学生学习情况的机会。作为教师,我们的工作是制订计划，回应孩子的探究、需求和问题，这样他们就有了发现学习乐趣的基础。下面几位教师为我们讲述了他们如何为班级制订计划和设计课程。

艾米丽（为职工家庭提供服务的全日制托育机构教师）："我在一个全日制托育机构工作，我们几位老师轮流在室内和户外值班。我们在教室的墙上挂了一块白板，以记录托班孩子的各种探究。白板是可移动的，我们在这上面写下自己的想法。有时我们把它放在桌子上，这样孩子们就可以参与进来。孩子们和教师都是反思过程的参与者，这是我们彼此建立信任和好奇心的一种方式。

"我们确实依靠照片来解释学习过程，我们使用机构提供的设备拍照，以不干扰孩子们游戏的方式拍摄，迅速捕捉孩子们的活动瞬间。"

谢丽（倡导游戏的半日制托育机构的主班教师）："当我们讨论各自对孩子们的观察时，我们彼此已经进行了反思性对话，这样的对话有助于我们制订计划。在每天上午孩子们入托前，我们大约只有15分钟的时间来分享笔记和观察，确定拓展孩子们的想法的材料清单。我们整周都会往清单上添加材料，这样我们就能知道创设环境时还缺哪些材料。

"我们用一些基本材料来装饰户外环境，如水桶、铲子、玩水桌和量杯等，我们的目标不是让环境过载，而是向孩子们提供支持其探索的工具。对于托班孩子来说，我们力求简单。如果需要的话，我们就添置更多的材料来拓展他们的想法。我们投放的基本材料通常足以支持他们完成自己的探索。

"大多数教师都觉得需要一个课程计划，所以我们开始使用一种课程计划模板，该模板包括'观察''邀请和激发''反思'等项目。我们用它进行反思性讨论，以保证我们的思想富有条理且足够聚焦；与此同时，该模板还有助于我们记住新想法。我们有一个记录文档，这个文档包括我们为家长整理的每周通讯。为了做好这个工作，我们使用了幻灯片，上传了展示孩子们学习场景的照片——文档记录实际上是一种追踪托班孩子探究的方式。

"我们注意到的是，这些基本探究与孩子们的社交、情感和身体发展紧密相关。托班孩子也有自己的调查，这些调查与3—5岁幼儿的调查大不相同。对托班孩子而言，学习使用语言而非攻击他人是课程的重点。除此之外，教师还需要换尿布、教孩子学习如厕和照看孩子午睡，以及参与其他日常事务。在我看来，外界人士需要重新认识并重视托班孩子。我希望文档记录可以帮助人们意识到托班孩子是有能力、有才干的人——生成课程让这个年龄阶段的孩子有被听见的机会。"

詹妮弗（澳大利亚户外森林托育机构教师）："我们的计划是从分享观察结果的对话开始的。

- 观察托班孩子有趣的或需要密切监督和指导的行为模式；
- 观察托班孩子正在形成的游戏模式——孩子们如何移动他们的身体，正在形成什么样的游戏主题，谁和谁在一起玩；
- 实施发展性观察（如观察孩子们的平衡能力和表达能力）；
- 对托班孩子的社会学习进行观察，支持孩子们发展多种技能（如表达需求和感受、解决冲突、应对失望和学习同理心等）。

"我们在机构中使用的资源很少，但我们时不时会添置一些资源。有时正是我们添置的资源改变了孩子们的游戏状态。例如，如果孩子们觉得一个游戏有点玩不下去了，我们会投放一些球或者把球拿走，又或者让孩子们做一些不同的事情，比如去一个新的地方散步。当我们的小溪水位升高时，我们会在水里放一艘小皮划艇，这样孩子们就可以享受'划船'的快乐了。我们喜欢建造东西、制作东西和做手工。所添置资源的种类取决于孩子们的技能、兴趣，以及他们对游戏冲突的需求。有时，我们会把一些材料投放到游戏区——看看会发生什么，即使连续几个月什么事情都不发生，也没有关系。"

米歇尔（加拿大安大略省卡纳塔①某托育机构的教师）："我是一名新手教师，我在这个领域工作了两年。我在一个以自然为基础的早期教育机构工作。我觉得我的教学方法会随着儿童的年龄阶段而变化，但这个过程是基于人际关系的。孩子是否信任我，让我观察并参与他们的学习？我的同事是否认同我的想法和意见？家长是否信任我不会片面地看待他们的孩子？一旦这种关系基础形成了，我们就开始做计划。我开始用笔记本和便利贴观察、记录孩子，用机构提供的平板电脑拍摄照片。我把我的观察结果、拍的照片、对孩子思维过程的解读，以及记录的儿童语录（如果有的话）拿给我的同事看。我们讨论我们所看到的、感觉到的和想知道的——这种建立在关系基础上的合作是非常有意义的。幸运的是，我们有特定的对话时间，尽管我们仍然需要在白天抽时间分享我们的想法。我们归纳共同的想法，并针对一些后续的问题，如将孩子们与哪些材料、经历或人联系起来以帮助他们继续探索，提出一些新的想法。我们在向孩子们提供材料后，再次进行观察，然后记录我们的发现，这就是我们目前使用的系统。然而，我要兴奋地说，这不一定是我们几个月后仍然会使用的方法——随着我们作为教育者和人的发展，我们的实践和使用的工具也会发生变化。"

每个故事都分享了教师在制订计划时使用反思性对话和不同工具的策略。一些教师介绍了他们是如何在有限时间内为讨论托班孩子正在发展的想法留出空间的。教师们也会使用一些工具来制订计划，所有的教师都用照片来了解托班孩子的探究情况。每位教师都开发了一套适合自己的系统，同时对他们在机构中遇到的挑战持开放态度。

---

① 2001年，加拿大安大略省卡纳塔并入渥太华市。——译者注

对课程的开发和计划而言，教师腾出时间进行反思性对话是很有必要的。找到适合自己所在机构的计划工具以满足项目的独特需求，这可能会耗费一定的时间。尝试不同的方法，判断哪种方法最适合你所在的机构和学习社区。

第八章

记录——让孩子的学习看得见

记录是生成课程和瑞吉欧教育的理念基石。通过使用照片、儿童语录和儿童作品,教师们创建展板、通讯和公告板,让孩子的学习成果在其所属的学习社区(包括教师、孩子及其家长)中可视化。文档记录在早期教育领域中具有强大的影响力,因为它可以改变学习社区成员对儿童学习方式的看法。当家长有机会看到自己孩子的想法以可视化的形式呈现时,他们对游戏价值的理解就会更深刻。

成人往往通过自己童年的在校经历来看待孩子的早期学习。许多人记得自己坐在课桌前,接受教师的直接指导。这些记忆让成人相信,只有当孩子坐着、集中注意力、从事学习活动时,学习才会发生。虽然这些经历对成人来说是熟悉且舒适的,但它们让人产生了一种虚假的安心感,并助长了大众对儿童如何学习的错误认识。不过,教师可以运用他们的经验和知识来消除这种误解。当教师观察和倾听玩耍中的孩子时,他们能看到一个持续发生的学习过程。文档记录使我们能与家长分享这些观察结果,并将他们带入孩子们的学习过程。

有多少次我们观察到孩子们往量杯里倒沙子、挖深洞、混合不同成分的材料、与他人合作或学习如何成为他人的朋友?在文档记录方面,教师的作用是与公众分享孩子们的探究及其探究的价值。在实践生成课程时,文档记录是必不可少的,因为它向整个学习社区展示了孩子们正在发展的想法、能力及其正在进行的工作和不断推进的研究。

在我教学生涯的早期，我对文档记录非常感兴趣，我想学习如何更好地将其融入自己的教学实践。当我访问其他学校时，我总是对不同类型的文档记录印象深刻，钦佩教师们能对孩子们的互动进行深入思考。我也很感谢文档记录在验证孩子们想法的同时，为学习社区成员提供了一个透视儿童思维过程的机会。但这也令我感到非常紧张不安：我该如何把文档记录放在一起使其生成意义呢？我的文字记录清楚地描述了孩子们的思维吗？我是否具备创建数字文档的计算机操作技能？

后来我意识到，我并不是唯一一个对文档记录感到担忧和缺乏信心的人——其他教师和我一样，也会产生类似的自我怀疑。于是我们聚集在一起，允许自己思考和反思对孩子的认识。我们开始阅读我们能找到的关于文档记录过程的资料，寻找并参加研讨会，获得许多不同的观点，并给予彼此很多支持和鼓励。在这个过程中，我们增强了对自身反思能力的信心。

你也可以加入文档记录的旅程。当你开始做一件新事情的时候，请从小事做起。在成长的过程中，你可以寻求其他人的支持，找到适合你的节奏。要意识到人们在学习新东西时经常会感到不适，所以你可以对自己温柔一点。在开始记录之前，我们要先弄清楚为什么要进行记录。

文档记录和儿童的思维

文档记录捕捉了儿童的思考过程，并使其对学习社区可见。文档记录是区分孩子"在沙箱中玩耍"和"对'吸收'概念进行深入探究"的关键。文档记录促使我们从观察儿童在做什么转移到思考儿童在做什么。当我们通过记录让学习社区成员都能看到孩子们的学习时，我们就开启了一场帮助其他成人理解儿童思考和学习的对话。

在本书的开头，我分享了我和托班孩子在一起的场景。一个叫费利克斯的孩子正在外面玩水和沙子。在他与沙和水互动的过程中，他把一小杯水倒在了玩水桌下面的沙子上，沙子吸足了水。当注意到水正从潮湿的沙子上流走后，费利克斯移到了离玩水桌远一点的地方，在一块较干燥的地方做了同样的实验，这里的沙子更富吸水性。他继续这样的操作，直到他来到沙坑很远的一边，那里有阳光照射，没有水。在把水倒在沙子上后，费利克斯宣布："水不见了！"在这个过程中，费利克斯正在发展一种关于"吸收"的理论。他通过与沙子、水的互动发现了这个理论。根据我的观察，费利克斯在这个过程中知道了沙子的特性——沙子有干沙、湿沙两种，并且了解了阳光照射对沙子的影响。

在大部分观察费利克斯的人的眼里，费利克斯可能只是一个在沙坑里"玩耍"的孩子；少数人甚至可能认为费利克斯对自己的行为没有丝毫的概念，他的游戏只是"倾倒"和"制造脏乱"。通过对费利克斯的近距离观察，我发现事实恰恰相反：我看到的是一个正在发展中的托班孩子，他拥有不可思议的智慧和理解自己经历的能力。

文档记录可以让孩子们重新审视或发现某个想法。例如，当我们在托班孩子的视线高度展示文档记录时，他们就会有机会重新审视自己的想法，并鼓励其他人加入进来（Kathy Boelsma，personal discussion，2020）。文档记录通常会从新的角度激发孩子开展进一步的探究，或者邀请不同的孩子拓展先前的游戏（Seitz，2008）。

文档记录和家庭

长久以来,相关研究总是表明,家庭参与对儿童教育具有积极的影响。当家长被邀请参与托育机构的课程时,孩子们就能茁壮成长。家庭和学校的伙伴关系不可低估。当教师和家长建立了一种信任关系时,家长和学校的情感联系就会更加紧密。通过观察自己生活中的成人关系,孩子们可以学习发展有意义的社会情感关系(Keyser,2006)。

可是,家长觉得自己与孩子在托育机构中的学习有关系吗?对于托班孩子的教育历程,他们知道多少?他们理解多少?他们怎样才能从孩子的经历中发现价值呢?在这个快速、不可预测的发展时代,教师如何支持家庭?文档记录是一种教师与家庭沟通的形式。教师需要记录孩子们每日、每周或每月在课程中的探究、提问和发现。文档记录开启了教师与家庭的持续对话,并将他们带入了生成课程的轨道。

■ 文档记录是一种与家庭沟通的有效手段

通过文档记录与家长分享托班孩子的想法,是将家长带入儿童学习轨道的一种方式。它邀请家庭在孩子的成长经历中发挥积极的作用。它通过图片、儿童语录和行动来展示孩子们的学习,让家长有机会一窥孩子们在园一天的情况。文档记录使孩子们的兴趣在机构中日渐凸显,并使家长对此有所知晓。

家长可以在孩子游戏后问一些问题,例如:"看起来你和你的朋友在沙箱里挖了很多东西,你们是不是在寻找埋在沙子里的东西?你们是在建一座大山吗?""你可以给我讲讲院子里树上松鼠的故事吗?它似乎让每个人都很兴奋!"

第八章 记录
——让孩子的学习看得见

■ 文档记录传递着游戏的价值

通过照片、儿童语录以及教师对儿童在机构中互动的解读，游戏对儿童学习的重要性变得显而易见，家长也得以了解儿童的复杂想法。当家长们对托班孩子在托育机构中的探究类型有了一个概览时，"托班孩子的探究和想法没有意义"的荒诞言论也就不攻而破了。透过孩子们参与活动的"镜头"，家长们有机会看到孩子们的特性：精神富足、行动活跃、充满好奇心。家长极有可能因此被吸引到托班课程和孩子的学习中。还记得"哈洛的冰激凌店"的故事吗？——孩子们对于买卖冰激凌的兴趣不断发展。他们向我们证明了他们是有想法的人，那个月，孩子们分享了自己对冰激凌店的认识，重构了一种社会经历——尽管这需要大量的沟通和协作。文档记录让家长们看到了孩子们的行为和想法，意识到了孩子们也能开展富有想象力的游戏，这给他们留下了深刻的印象，让他们惊讶不已。从那以后，每当教师们需要家长提供更多的冰激凌店用品时，家长们就会立刻回应，因为他们已经知道了孩子们的游戏是有价值的，对孩子们的发展是有益的。

■ 文档记录支持家长对生成课程的理解

生成课程也可以用文档记录，以个体的方式与家庭产生联结。当家长看到孩子对某项活动有兴趣时，他们通常会有更强烈的参与意向。我带的托班孩子曾热衷于烹饪，虽然自身的烹饪技能有限，但我还是会参考食谱，做一些简单的尝试。在分享了一周的文档记录后，一个孩子的祖母告诉我，她想带一份家庭比萨食谱，与托班孩子一起做比萨。我们同意她来托班实施计划，并提前备好了桌子。考虑到孩子们和这位祖母的需要，我们还安排了一位教师来协助他们。孩子们和这位祖母对这个烹饪活动很满意，他们揉了面团，在面饼上涂酱汁、撒奶酪粒。在烤比萨的时候，这位祖母和孩子们一起读了绘本。孩子们非常高兴有新的成人加入烹饪项目，教师们既注意到了文档记录在邀请家长进入教室方面所起的作用，也看到了家庭参与的影响——这位祖母通过分享她的食谱、文化和生活，与她孙子的教育产生了更密切的联系。后来这位祖母找到我，对我说："我从没想过2岁的孩子会对烹饪产生兴趣！我以前总是把他们看作无能为力的小人儿，现在我对孩子的认识已经有了转变。和我孙子一起在托育机构烹饪的经历真是太神奇了！"

当被邀请参与孩子们的学习时，家长能真切地体会到自己也身在其中。生成课程为他们提供了参与机构活动的机会。

使学习看得见的工具

托班孩子通过诸如触摸、攀爬、移动物体、爬行、品尝等动作学习，他们的身体姿势、面部表情和语言有助于教师了解他们的想法。在开始用文档记录孩子们的学习过程时，教师会用到孩子们的照片、视频、对话录和作品样本。教师将自己的观察记录在纸上，并附以照片或录像——这些照片和录像提供了相应的视觉信息。他们利用这些信息，就孩子们正在进行的探究提出问题。一些教师会用视频记录自己的想法，以便回想和反思。

手工作品是儿童创作的作品，涉及绘画、雕塑和其他项目。它们可以被呈现在文档记录的展板上，或被放置在纸板、演示板上。

被纳入文档记录展板的手工作品、教师笔记和照片捕捉到了孩子们在某个项目中的工作过程。例如，如果一组孩子一起创作了一幅巨大的彩绘画，教师可以将文档记录展板放在彩绘画旁边，以展示这个项目是如何完成的。对于托班孩子来说，他们工作中最重要的部分是过程本身，而不是结果。拍摄孩子们的创作过程与拍摄他们的手工作品一样，能有效地展示他们的学习。

第八章 记录
——让孩子的学习看得见

■ 当资料收集干扰了师幼互动

在为文档记录收集资料时，我必须强调与托班孩子相处的重要性。在访问了几个使用文档记录的托育机构后，我看到了许多不同风格的观察记录。一些教师带着有铅笔的笔记本，一有空就不动声色地做笔记，还有一些教师低着头写了很长的笔记，这时他们与孩子是完全隔绝的。我看到教师们经常拿出他们的相机，这让我想起了摄影师，而不是教师。对他们来说，拍出"正确的"照片比参与孩子们的互动更重要。在访问一个托育机构时，我注意到一位教师一直拿着他的手机，录下孩子们的每一次互动。我观察到的教师和孩子们的互动一点也不自然，记录过程也很有侵犯性。为了"文档记录"，教师摒弃了和孩子们在一起的自发性。

以下工具可以帮助教师在收集资料的同时与孩子们友好相处。

- 在做逸事记录时，使用简短、直接的短语，而不是完整的句子或长段落。举个例子："费利克斯，沙子，用水探究'吸收'概念。"在你稍后进行反思时，这些提示将有助于你回忆。
- 和你的管理者谈一谈。他们可能有时间来帮助你履行你的日常职责，为你提供一段专心观察的时间。
- 在拍照的时候，练习用不打扰孩子的方式使用相机（甚至练习不看着相机就能拍照的技术）。当孩子们在玩耍，没有注意到你的动作时，你可以尽可能多地拍照。由于照片是用于文档记录的，我们不希望孩子摆出姿势或特意露出微笑的表情。我们只是在观察他们的游戏，捕捉他们的想法。有了现代数码摄影技术后，我们可以为同一互动拍摄多张照片，然后再决定选用哪张。根据我自己的经验，我会拍很多照片，然后再挑选那张有效地捕捉了儿童发展性探究的照片。

■ 文档记录的形式

文档记录可以采取多种使儿童学习可见的方式。教师可能要花一些时间才能找到适合自己的记录形式。教师可以先尝试一种适合自己节奏的方法，利用目前可用的资源，并在自身的技能范围和舒适程度内落实这种方法。决定哪种方法适合自己，需要考虑诸多因素。从我自己的经验来看，教师会倾向于在尝试若干种方法之后再找出最有效的文档记录方式。如果你精通计算机，那么写博客或在其他网络平台上发布动态将会是有效的记录方式。如果你更喜欢有形的记录方式或对其感到更舒服，那么展板可能更适合你。

- **展板**：展板是纸板、海报板或展示板，用于展示托班孩子正在进行的项目或探究。教师通过照片、文字描述和手工作品展示孩子们的调查、行动和探究。这些照片通常附有教师记录的儿童语录或者教师对孩子们行为的解读。如果墙面空间足够大，而且附近有一个放置不能被挂起来的手工作品的架子，那么展板会是最好的选择。
- **家园通讯**：幻灯片或其他能显示附有说明性文字的图片的软件，可用于文档记录。这种类型的书面记录可以汇编成一份家园通讯或社区通讯。我们会在家园通讯中记录托班孩子的发展性探究，并使用图片、儿童的语言样本和简短的叙述来分享他们感兴趣的话题。这个形式适用于没有足够空间展示文档记录的机构，也适用于那些不能总是在托育机构中花很多时间的家庭。
- **自制图书**：手工制作的图书或活页夹，以非正式的和持续的想法为内容，可由托班孩子和教师一起制作。当这些孩子持续地探究他们的问题时，自制图书的页面会被填满（书页会增加）。与孩子一起回顾这些图书，可以使他们对经历过的事情保持兴趣。此外，活页夹可以保存数码文档的打印件。在我所在的托育机构中，墙上可供展示的空间有限，但我们希望孩子们能看到自己想法的进展。因此，我们把电子通讯发给家长后，把它们打印了出来，将其塑封，并放在了活页夹里——活页夹被投放到图书区。对托班孩子而言，打印出来的家园通讯能有效地加强他们与学习的联结。
- **社交媒体**：技术和社交媒体已经彻底改变了我们的互动方式。现在许多学校利用社交媒体平台分享孩子的日常发现和探索时刻，有时是在以家庭为单位的私人小组中分享，有时是在更广阔的世界中分享。然而，在决定是否使用这些工具时，学校不得不考虑相关的隐私设置和媒体政策，以确保孩子们的安全，并得到家长对使用孩子照片的许可。正因如此，在发布图片或文档记录之前，检查和讨论学校关于使用社交媒体的政策是很重要的。
- **博客**：运营博客是另一种记录学习的数字化方式。写博客是让家长了解孩子学习经历的有效途径。许多学校已经创建了博客账号，并且只对在校学生的家长开放。博客是一种记录孩子们学习的生动且持续的方式，因为它可以一直更新。

决定记录什么

决定在托育机构中记录什么，是需要花费一些时间的（尤其是在刚开始时），教师需要真正学会倾听孩子们不断发展的想法。当我与教师们一起在机构中实践生成课程时，他们经常会问："文档记录的重点是什么？在开始文档记录时，我如何确定探究的问题？"我经常以一个孩子们特别感兴趣的问题或话题为起点建构课程，而不是试图把每个话题都囊入其中。通过回顾收集的照片和记录的笔记，我看到了孩子们提出的问题。在收集了大约一周的资

料后,我放慢了节奏,并对以下问题展开了思考:
- 照片中最突出的是什么?
- 孩子们关注的问题可能是什么?
- 对于孩子们的探究,我想问哪些问题?

从一种适合你的教学团队和学习社区的文档记录形式开始。在查看你的资料时,回答这些问题:孩子们想理解什么?他们的问题是什么?记住,你是孩子思维的"翻译官"。

教室里的故事

混 合 颜 色

在加利福尼亚州谢尔曼奥克斯的一个托育机构里,教师们开会并分享了他们的观察笔记、照片和思考。在讨论和浏览照片后,他们决定记录孩子们对混合颜色的探索。

教师们是如何做出这个决定的?通过观察,他们看到了孩子们对有机玻璃画架的强烈关注、颜色探索小组的社交情况,以及孩子们对教师提供的激发物(比如教师在画架旁添置的红色颜料和黄色颜料)的反应。

在左侧这张照片中,2岁的莱利非常专注地在画架上把不同的颜料混合在一起。在把整个画架上的空间涂满混合颜料后,他开始专注于一角,并添加更多的颜料。不久之后,他说道:"黑色!

看，我弄出了黑色！"教师们用笔记下了他的话。那一周，教师们观察到其他孩子也加入了对混合颜色的探索中。

这就是生成课程的起点。这些托班孩子在探索颜色的哪些方面？他们的问题是什么？教师对托班孩子和他们与颜色的关系有哪些疑惑？

教师的思考："托班孩子真的在探索颜色的混合。他们每天都在有机玻璃画架上涂抹。他们把红色颜料和黄色颜料混合在一起，发现了不同深浅的橙色。有时我们把他们涂抹的橙色留在画架上，第二天早上他们会在现有的涂层上继续涂抹。我猜测他们在前一天的橙色上涂抹了更多的颜料——他们想知道会发生什么。让我们试着在画架旁提供其他颜色的颜料，比如蓝色颜料。他们会继续混合颜料，在画架上一层层地涂抹吗？他们会发现红色颜料和蓝色颜料在一起会变成紫色，或者把所有的颜料混合在一起会变成黑色或棕色吗？"

一个叫凯拉的孩子往画架上涂了更多的颜料，她想看看这样会出现什么颜色。在画架左侧的奥利维亚把黄色颜料和红色颜料混合起来画画。画架右侧有两个孩子正在用自己的方式探索颜色，他们把各自的笔刷头触碰在一起，看看会发生什么。所有的孩子都在同一个画架上以不同的合作方式探索着。他们通过颜色发生联系，一起探索颜料的混合（见第127页"对颜色混合的探索"）。

在这段时间里，教师们记录下了孩子们的一些发现。

凯拉："我把红色颜料和蓝色颜料混在一起了！看，紫色！"

莱利："看，黑色！"

奥利维亚："如果你混合许多颜料，它们会变成棕色或橙色！"

凯拉："我要把它们都混在一起！喔……乱七八糟的！"

> 展板（见"对颜色混合的探索"）通过附有教师解释的图片展示了托班孩子对颜色混合的探索过程。语言样本展示了孩子们已有的关于颜色的知识。可进一步探究的问题可能有：我们还可以用什么材料和孩子一起探索颜色？我们如何拓展环境中材料的种类来鼓励孩子探索颜色？

我们将托班孩子"对颜色混合的探索"记录在了展板（见第127页）上。

了解你的观众

教育家苏珊·斯泰西提醒我们在做文档记录时"了解你的观众"。这些文档记录是为教育工作者准备的，还是针对那些对早期教育不太熟悉的成人？就像任何其他领域的知识一样，不从事早期教育工作的成人通常不具备相关的背景知识或不了解专业术语（比如脚手架、最近发展区），他们对文字的理解和我们是不同的。如果你使用一种他们无法接受的书面语言，他们大概率是不会参与文档记录的（Stacey, 2019）。

你的观众是孩子吗？教师需要考虑到托班孩子是借助于他们的身体（包括他们所有的感官）来探究和创造意义的。在这个年龄段孩子的视线水平上展示一个展板是不切实际的，除非它非常坚固，因为它很容易被触摸、研究，并很有可能被损坏。更贴近实际的做法是把更精致的文档展示在教室的墙上，让孩子们的家人看到，再通过扫描、打印、塑封，把它们放在活页夹里，供托班孩子重温自己的学习。

对颜色混合的探索

探索是从孩子们在有机玻璃画架上混合颜料的那一刻开始的。莱利在画架的某个区域集中混合颜料,创造出了黑色。

凯拉在画架的另一侧画画,在已有的颜色上涂抹更多颜料。

我们决定在另一个画架旁添加红色颜料和黄色颜料,来拓展孩子们对颜色混合的想法。迈尔斯和约瑟夫加入了进来,并通过笔刷头的触碰发现了他们专属的颜色混合方法。

孩子们分享他们关于颜色的知识。

凯拉:"我把红色颜料和蓝色颜料混在一起了!看,紫色!"

莱利:"看,黑色!"

奥利维亚:"如果你混合许多颜色,它们会变成棕色或橙色!"

凯拉:"我要把它们都混在一起!喔……乱七八糟的!"

■ 重新思考"可爱"这个词

想象一下,你正在努力完成一个需要思考和创造的复杂项目。在你工作的过程中,有人用"可爱"来形容你的工作。这个词传达了关于你工作的哪些信息?它有没有在无意中贬低你的努力?它是否低估了你工作的复杂性?

教师们在谈论托班孩子的努力时,往往倾向于使用这类语言。事实上,像"可爱"和"惹人喜爱"这样的描述不能真实反映孩子们的想法。请尝试使用能展示孩子们努力痕迹的句子,比如"孩子们正忙着用玩具奶瓶喂娃娃,哄娃娃入睡,他们正在展示育儿行为",而不是"哦,孩子们今天喂娃娃的时候真可爱!"。请使用尊重个体努力,而不贬低其工作价值的语句。当我们创建文档记录时,我们有义务将托班孩子的形象转变为一个完整且能干的人。

■ 持续记录与文档记录的区别

人们常将文档记录误解为对托班孩子在园一日生活的持续记录。"持续记录"向成人介绍了孩子们在一天中发生的事情,这些记录通常被称为"日记"。许多托育机构中的教师会通过日记让家长了解孩子基本需求的满足情况,例如,孩子换尿布的频率,一天吃了什么和吃了多少食物,以及他们的睡眠模式。然而,文档记录是不同的,因为它的目的是使孩子的学习对整个学习社区可见。下面是某个机构的持续记录。

星期一,孩子们用红色颜料和蓝色颜料画手指画。他们还在玩水桌上玩了量杯。星期二,孩子们读了《兔子的颜色》(*Te Bunny Color*),他们非常喜欢这本书。星期三,孩子们玩了塑料积木、玩具火车和娃娃屋,他们玩得很开心,之后还去户外玩耍。在一天快结束的时候,我们唱了《五只斑点小青蛙》(*Five Little Speckled Frogs*)。

现在,让我们看看教师对持续记录的解读。

第八章 记录
——让孩子的学习看得见

今天，孩子们被颜色迷住了。教师们在画架上准备了红色颜料和蓝色颜料，凯拉直接在画架上混合了这两种颜料，并向大家宣布："我调出了紫色！"在孩子们混合颜料后，我们决定增加一种材料——剃须膏，并提供更多颜色的颜料。孩子们更自由地用手探索了这些颜料。莱利混合了所有不同的颜料，并大声说道"彩虹！"和"棉花糖！"。莱利用他之前的知识来解释他的经历。为了加深孩子们对颜色混合的理解，我们介绍了《兔子的颜色书》(*The Rabbit's Color Book*)。

持续记录向我们展示了教师们看到了什么。对持续记录的解读向我们展示了托班孩子在想什么。

在正式评估中使用文档记录

观察记录托班孩子的思维，成为问责制和追踪孩子们发展进程的有力工具。为了获得资助，许多学校需要对孩子们的发展情况进行正式评估。生成课程可以支持这些评估，通过文档记录提供所需的资料。例如，一个托班孩子花了很多时间在角色游戏区玩娃娃家游戏，这表明他已具备了协作能力和社交能力。教师可以基于这一观察，将其纳入书面评估。教师不是坐下来检核清单上的技能条目，而是利用他们保存的文档记录来评估孩子们的发展水平。

在为托班孩子写评估报告时，我用我的文档记录来分析孩子们在一年中取得的进步。以下是收集评估资料的其他方法。

- **作品集**：作品集是一个有组织的集合，涉及儿童的手工作品、照片和语言样本，可用于记录某个孩子的在校发展经历。这种类型的记录向家长直观地呈现了孩子在一年中的成长故事，以及他正在发展中的探究和想法。作品集还向家长和教师提供了有关孩子在特定领域的成长和发展的信息。如果教师正在做书面评估，需要某个孩子的发展信息，那么他就可以参考作品集来回忆这个孩子曾经拥有的能力，并将这些能力与孩子现有的发展水平进行比较。

- **发展性总结**：发展性总结主要指教师以书面叙述的形式记录托班孩子的成长，也可以附加照片。无论是电子的还是纸质的，此类形式的文档记录，可用于分享关于某个孩子的逸事笔记和观察记录，展示其在某个领域的发展。发展性总结通过保持报告的条理性来囊括具体评估的所有领域，可以独立使用，也可以作为记录信息的额外工具，或用于更正式的评估。相较于仅仅根据评估标准画"√"或画"×"以评估儿童的精细动作能力，通过文字叙述和照片来佐证具体的衡量标准会更有意义。例如，米卡尔老师正在写一个有关儿童发展的故事，并将其作为2岁奥拉的评估报告。米卡尔老师对奥拉的所有发展领域进行了分类，包括情感、社交、认知以及大小肌肉运动发展。米卡尔老师正在用观察结果和照片来证明奥拉在精细动作技能领域取得的学习成就。一张奥拉正在参加串珠活动的照片，展示了她在小肌肉运动方面的能力。这张照片可以用于书面的发展性总结，也可以用于未来学校要求的正式评估。

最后的感想

编写文档记录的过程可能会令人生畏和不知所措。但是，实施生成课程的过程对托班孩子有很多益处，尤其是能让他们有机会说出自己的想法。教

第八章 记录
——让孩子的学习看得见

师可以从他人那里获得支持，在学习过程中找到自己的节奏，并为自己配备资源。

在为托班孩子实施生成课程时，你要从一开始就尊重他们的想法，并把他们放在学习的最前沿。培养和拓展托班孩子的思想，可以造就一代自我激励、充满活力的学习者。托班孩子有很多关于世界的问题，并有一些非常有见地的观点。生成课程为托班孩子的探究奠定了基础，并使他们的探究成为课程的中心，从这一点来看，计划的可能性是无限的。教师在成为孩子思维诠释者的同时，加深了对他们兴趣的了解。当你实施和整合生成课程时，你会真正开始理解托班孩子大脑的快速发育，以及生成课程如何影响你与孩子们的互动。我们对托班孩子的独特发展的尊重、理解和由衷赞许，使他们的传统形象得以改变。

将新事物融入你的实践是需要冒很大风险的。如果你试图在你的托育机构中尝试生成课程，那就表明你觉得需要有所改变，并想让课程对托班孩子产生积极的影响。

教师不是孤立的岛屿——当我们找到共同进步的方法而不单枪匹马时，我们的尝试是最有效的。请搜集各地可用的支持系统，寻求导师的支持，加入为托班孩子实施生成课程的教师社群，参观目前正在实施生成课程的托育机构，对孩子保持好奇心，咨询关于托班孩子的问题。在托班孩子的生活中，你的角色是关键和有意义的，你为他们提供了终身发展的平台。孩子们从属于他们的发现中获得了快乐，这不正是我们希望所有孩子都能拥有的吗？

附 录

附录 A　利用生成课程资源进行计划

以下这些问题将引导你制订课程计划。
- 你看到托班孩子提出了哪些问题、感兴趣的话题（兴趣、好奇心、影响他们在校表现的家庭状况等）?
- 你想让托班孩子知道哪些与他们相关的、对你的教学团队重要的事情?
- 你希望托班孩子完成哪些与他们的发展相适应的任务、掌握哪些概念和技能? 教室里的情感氛围如何?
- 托班孩子对日常照护和一日流程的反应如何?
- 你有没有观察到任何可能成为托班孩子兴趣焦点的偶发事件?

附录 B　生成课程计划模板

观察到的行为	教师的反思	回应、邀请、对话和活动	后续的观察
材料/资源	材料/资源	材料/资源	材料/资源

注：经苏珊·斯泰西允许使用。

参考文献

Barry, Robin A., and Grazyna Kochanska. 2010. "A Longitudinal Investigation of the Affective Environment in Families with Young Children: From Infancy to Early School Age." *Emotion* 10, no. 2 (April): 237–249.

Carter, Margie, and Deb Curtis. 2017. *Learning Together with Young Children*. 2nd ed. St. Paul, MN: Redleaf Press.

Daly, Lisa, and Miriam Beloglovsky. 2016. *Loose Parts 2: Inspiring Play with Infants and Toddlers*. St. Paul, MN: Redleaf Press.

Derman-Sparks, Louise. 2013. "Guide for Selecting Anti-Bias Children's Books." Teaching for Change.

Derman-Sparks, Louise, Debbie LeeKeenan, and John Nimmo. 2015. *Leading Anti-Bias Early Childhood Programs: A Guide for Change*. New York: Teachers College Press; Washington DC: National Association for the Education of Young Children.

Derman-Sparks, Louise, and Julie Olsen-Edwards. 2010. *Anti-Bias Education for Young Children and Ourselves*. 2nd ed. Washington, DC: National Association for the Education of Young Children.

Embrey, Kerri, and Heather Evelyn. 2020. "Listening for Children's Ideas and Inquiries." Webinar. Early Learning Café, October 24, 2020.

Gerber, Magda, and Allison Johnson. 1998. *Your Self-Confident Baby: How to Encourage Your Child's Natural Abilities from the Very Start*. New York:

Wiley.

Gronlund, G. 2012. *Planning for Play, Observation, and Learning in Preschool and Kindergarten*. St. Paul, MN: Redleaf Press.

Hammond, Ruth Ann. 2009. *Respecting Babies: A New Look at Magda Gerber's RIE Approach*. Washington, DC: Zero to Three.

Hawkey, Elizabeth. 2019. "Media Use in Childhood. Evidence-Based Recommendations for Caregivers." American Psychological Association. *CYF News*. May 2019.

Hunter, T. 2004. *Still Growing*. Bellingham, WA.: Song Growing Company (compact disc).

Hyson, Marilou, and Heather Biggar Tomlinson. 2014. *The Early Years Matter*. New York: Teachers College Press; Washington, DC:National Association for Young Children.

Jensen, Eric. 2000. *Music with the Brain in Mind*. Thousand Oaks, CA:Corwin Press.

Jones, Elizabeth. 2012a. "The Emergence of Emergent Curriculum." *Young Children* 67, no. 2 (March): 66–68.

——— . 2012b. "Implementing Emergent Curriculum Practices in Early Childhood Programs." Workshop at Pacific Oaks Children's School.

Jones, Elizabeth, and John Nimmo. 1994. *Emergent Curriculum*.Washington, DC: National Association for the Education of Young Children.

Jones, Elizabeth, and Gretchen Reynolds. 2011. *The Play's the Thing*. 2nd ed. New York: Teachers College Press.

Katz, Lilian G., and Sylvia C. Chard. 1996. "The Contribution of Documentation to the Quality of Early Childhood Education."

Keyser, Janis. 2006. *From Parents to Partners*. St. Paul, MN: Redleaf Press; Washington, DC: National Association for the Education of Young Children.

Lansbury, Janet. 2014. *No Bad Kids: Toddler Discipline without Shame*. CreateSpace Independent Publishing Platform.

Louv, Richard. 2005. *Last Child in the Woods: Saving Our Children from Nature-Deficit Disorder*. Chapel Hill, NC: Algonquin Books.

Maguire-Fong, Mary Jane. 2015. *Teaching and Learning with Infants and Toddlers: Where Meaning-Making Begins*. New York: Teachers College Press.

Mooney, Carol Garhart. 2000. *Theories of Childhood: An Introduction to Dewey, Montessori, Erikson, Piaget, and Vygotsky*. St. Paul, MN: Redleaf Press.

National Association for the Education of Young Children (NAEYC). 2016. Statement from NAEYC on Implicit Bias. September 28.

Nelson, Eric. 2012. *Cultivating Outdoor Classrooms: Designing and Implementing Child-Centered Learning Environments*. St. Paul, MN: Redleaf Press.

Seitz, Hilary. 2008. "The Power of Documentation in the Early Childhood Classroom." *Young Children*, March 2008. Washington, DC: National Association for the Education of Young Children.

Small, Meredith F. 1998. *Our Babies, Ourselves*. New York: Anchor Books.

Sobel, David. 2016. *Nature Preschools and Forest Kindergartens: The Handbook for Outdoor Learning*. St. Paul, MN: Redleaf Press.

Stacey, Susan. 2009. *Emergent Curriculum in Early Childhood Settings: From Theory to Practice*. St. Paul, MN: Redleaf Press.

———. 2015. *Pedagogical Documentation in Early Childhood: Sharing Children's Learning and Teachers' Thinking*. St. Paul, MN: Redleaf Press.

———. 2019. *Inquiry-Based Early Learning Environments: Creating, Supporting, and Collaborating*. St. Paul, MN: Redleaf Press.

——— . 2020. "Documentation as a Support for Inquiry." Webinar. Redleaf Press, April 30, 2020.

Warden, Claire. 2007. *Nurture through Nature.* Auchterarder, UK: Mindstretchers Academy.

——— . 2012. *Potential of a Puddle: Creating Vision & Values for Outdoor Learning.* 2nd rev. ed. Auchterarder, UK: Mindstretchers Academy.

Wurm, Julianne. 2005. *Working in the Reggio Way: A Beginner's Guide for American Teachers*. St. Paul, MN: Redleaf Press.

York, Stacey. 2003. *Roots and Wings: Affirming Culture in Early Childhood Programs*. St. Paul, MN: Redleaf Press.

Zero to Three. 2006. "How to Support Your Child's Communication Skills."